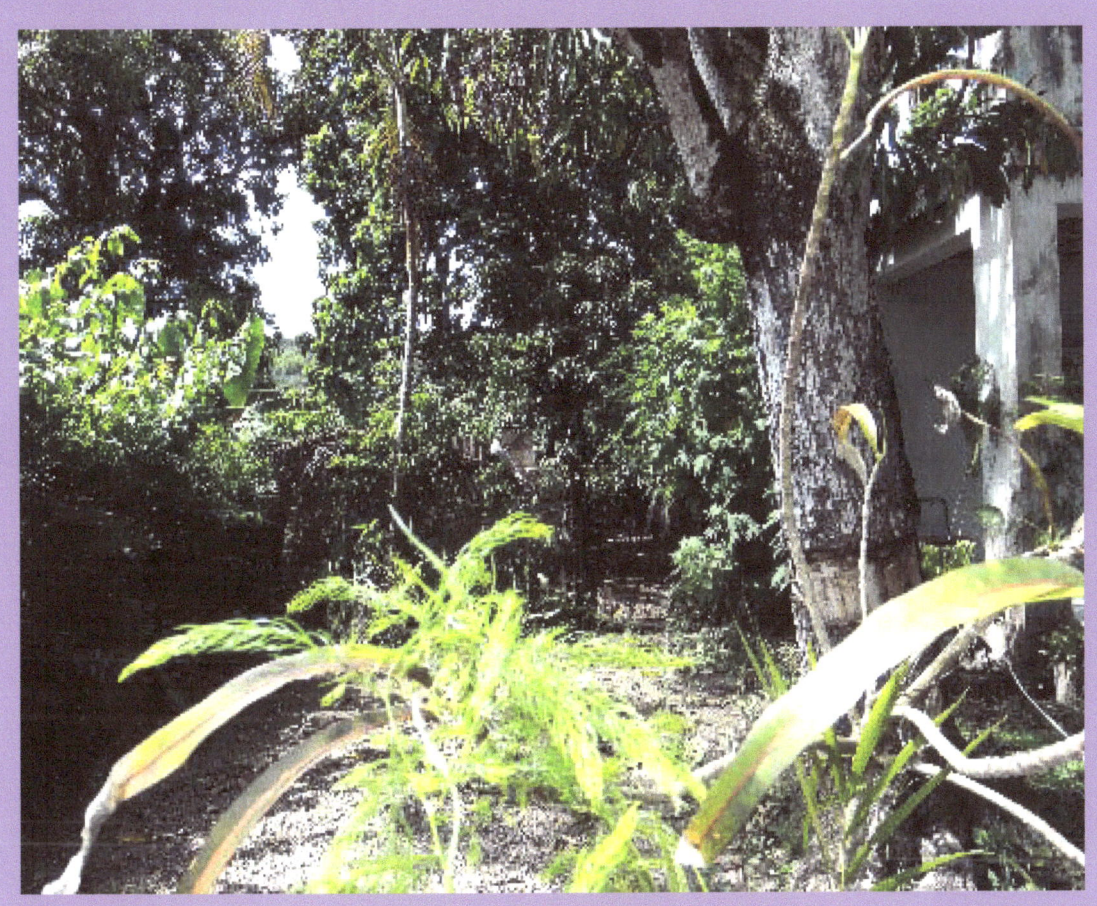

ERMITA
Jazmín y melaza

Belkis Cuza Malé
Jose Fournier

ERMITA

Jazmín y melaza

Colección ÁLBUM

Linden Lane Press   **Fort Worth, Texas**

ERMITA
Jazmín y melaza

ISBN-ISBN-10:0-913827-18-5

ISBN-13:978-0-913827-18-5

Linden Lane Press
P.O. Box 101582
Fort Worth, TX 76185-1582

lindenlanemag@aol.com

A Manuela Guadalupe Pascual Heredia,
homenaje, porque no fue nunca una reina ociosa

Con agradecimiento muy especial al primo Jose Fournier, por su dedicación y ayuda en este libro, por sus fotos y su visita a Ermita.
A Hugo A. Mujica, por su libro y su amistad
A Mark Rodgers por su valioso testimonio y sus fotos

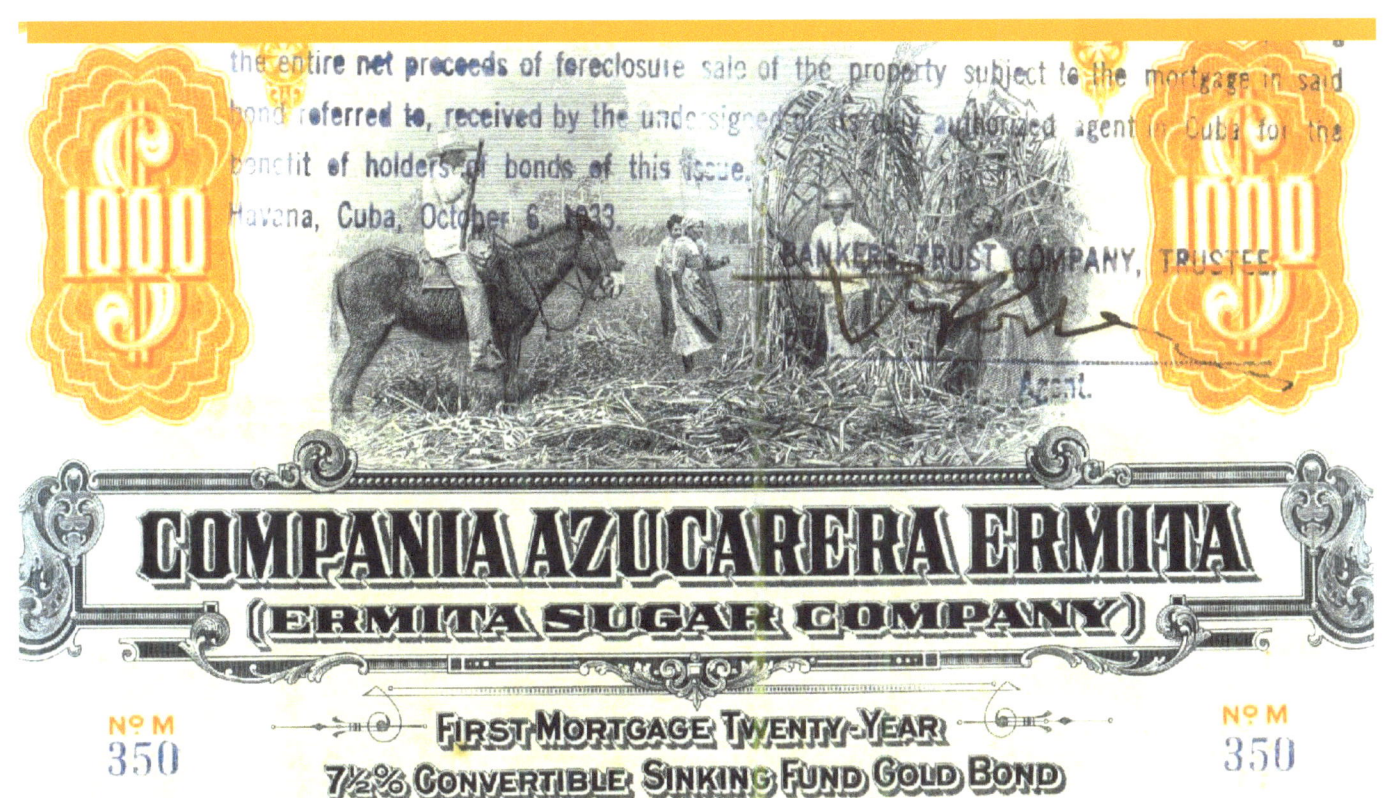

En ruta hacia Ermita, julio 2013. Señal antes del desvío en la carretera a Santiago de Cuba . Foto Jose Fournier

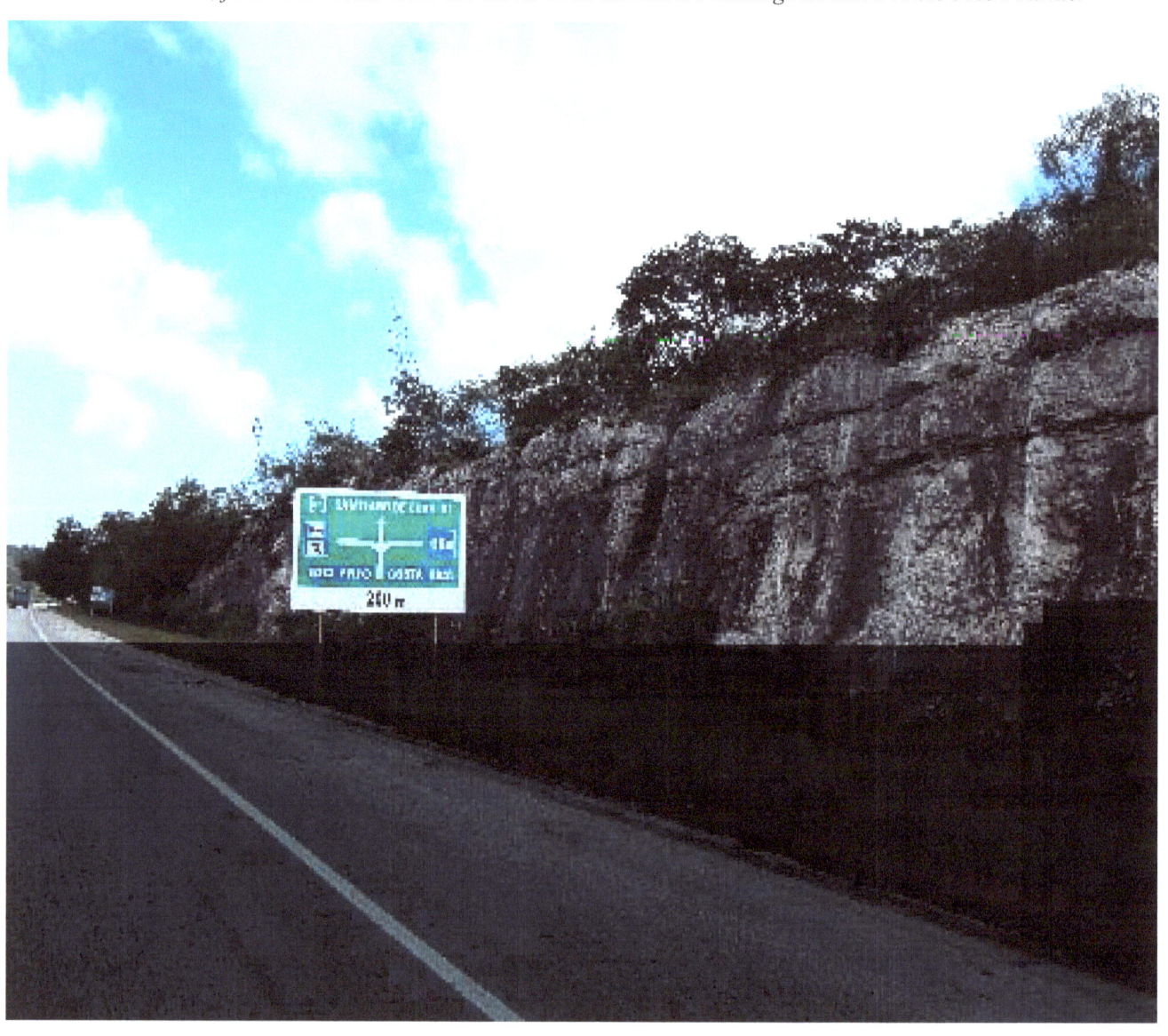

Jazmín y melaza: central Ermita

Belkis Cuza Malé

A la casa de mi abuela paterna, en el Central Ermita, iba yo feliz como una de esas niñitas de los cuentos de *La Edad de Oro,* de José Martí. La niñez puede ser muy grata si no se tiene miedo, si se vive rodeado de amor filial y lo llevan y lo traen a uno de la mano, esa mano que lo es todo. La mano de nuestra madre, o de nuestra abuela.

El batey olía tres meses a melaza, pero el resto del tiempo imperaba el jazmín, inundando patios, *bungalows* y caminitos. El penetrante jazmín subía como una nube de polvo al cielo para anunciar que muy pronto tendrían que darle la bienvenida a una nueva visitante, esa señora que ya se moría aquejada de

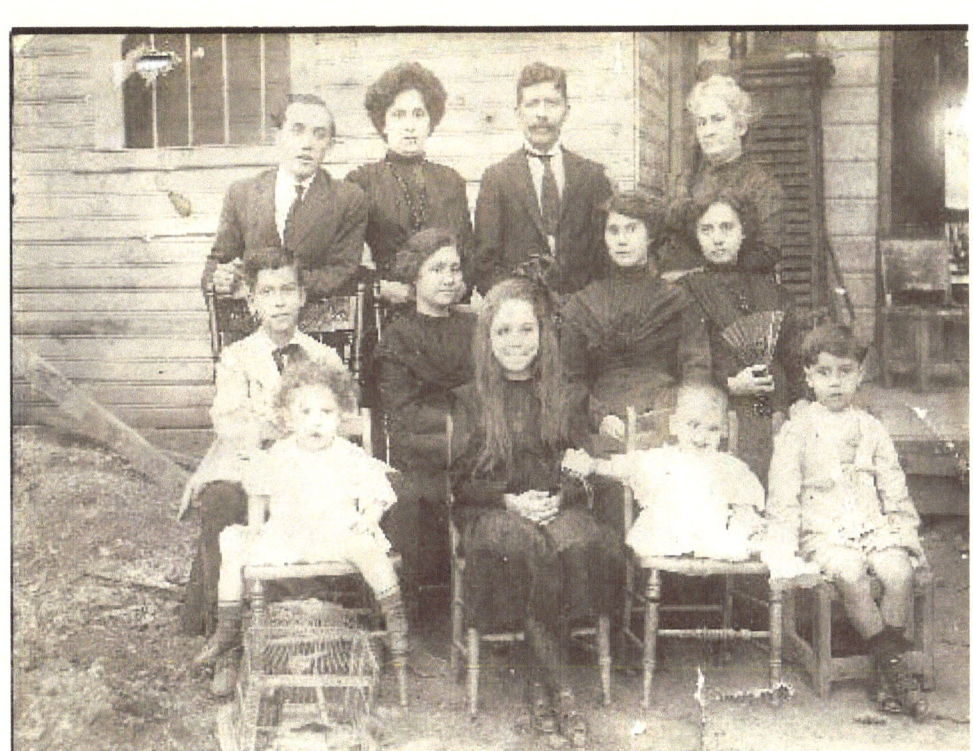

Familia Pascual Heredia, circa 1915. De izquierda a derecha, Manuela, es la segunda

extraño mal, joven aún, con la belleza estoica de las mujeres que no conocen más mundo que el de su hogar. Si alguien se había construido un castillo interior era ella, con su amor por las pequeñas cosas de la vida, con su fervor por la cocina, pues era además ducha en el arte de los postres, aunque también en la costura y la jardinería. Por si fuese poco, la señora manejaba a la perfección su pequeño "negocio" de quesos: hacía cuajada para vender y criaba gallinas y patos, cuidando también de aquellos dos o tres caballos que siempre había en casa. Le alcanzaba el tiempo para bordar finos pañuelos y rezar como nadie, y explicarme la esencia de Dios, comparándolo al trueno y el rayo que surcaban las tardes calurosas del verano. En su patio, junto a la ventana del comedor, florecía un limonero, pero desde otro ángulo se alcanzaban a divisar las torres del central.

Se trataba del central Ermita, muy cerca de la ciudad de Guantánamo. Mi abuela, que no otra era esa señora, vivía la más hermosa de las vidas, porque con cada natilla, con cada cuajada, o con cada vestido que cosía alimentaba su espíritu y el de cada uno de los miembros de su familia. Artesana de sí misma, ser dotado para crear con sus manos y ayudar a que creciera el alma colectiva, la recuerdo en la estación de trenes de Guantánamo, aferrada yo a su mano; la recuerdo vivaz, sonriente, el pelo largo y negro con hilos de plata ya, atado en lo alto en un moño, o recogido en trenzas sobre la nuca, con su nombre de virgen mexicana; la recuerdo prodigiosa, de un sitio a otro de la cocina, preparando frituras de bacalao y café con leche espumoso para que mi abuelo se llevara al turno de la madrugada, donde trabajaba como segundo maquinista del central. Durante los días en que se molía la caña todos parecían hormigas alrededor de aquella especie de "catedral de la que saldría el producto que entonces le daba vida a Cuba. "Sin azúcar no hay país" decía aquella propaganda de la época.

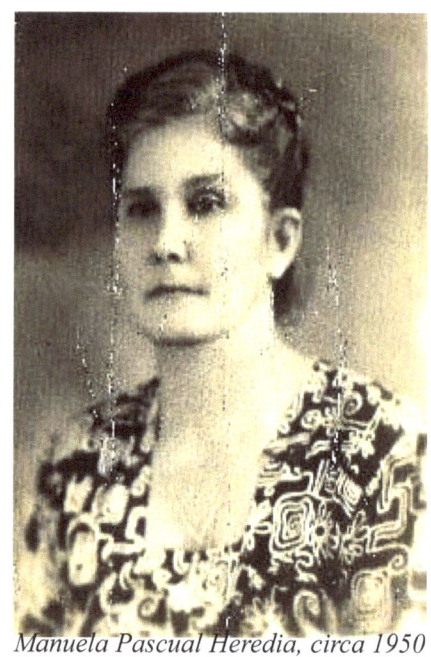

Manuela Pascual Heredia, circa 1950

¿Sería cierto? Por lo menos, durante tres meses los ojos del batey no se despegaban de aquella armazón de hierro y aluminio, repleta de maquinarias y centrífugas, oliendo a melaza, danzando al ruido incesante de los trapiches. Tres meses de vida y esperanza. Y ese otro tiempo de las "reparaciones", como le decían, anticipo de la zafra, para dejar listo el central. Y luego llegaba el angustioso " tiempo muerto" y su lluvia de silencio apoderándose del batey, cuando las mujeres languidecían detrá de las ventanas y los hombres cultivaban el campo, o hacían lo que fuese necesario para mantener a sus familias, aunque no faltaba jamás la mano de Dios flotando sobre el batey, ni la ilusión de que no cesase nunca el trabajo, de que se alargase la zafra. De que en lugar de cinco toneladas se hiciesen miles.

La casa de mis abuelos --muy vieja, toda de madera-- se alzaba sobre unos horcones, y tenía al frente un portal con baranda. A pesar de la vejez lo que la hacía hermosa era la exuberante vegetación, las flores, y los árboles que la rodeaban. El sueño de mi abuela era que la administración del central reconstruyese su casa, como le habían prometido a mi abuelo, pues debido a su deterioro --necesitaba más que una simple mano de pintura. A finales de abril de 1951, comenzaron finalmente las labores y pronto todo quedó listo para levantar otra en su sitio. Mientras, mi abuela se mudó a un espacioso cuarto de madera que había en el patio, justo sobre el frente, y al que le improvisaron una cocina y un espacio para dormir..

Allí permanecí con ella durante un tiempo, hasta que enfermó y fue necesario trasladarla a casa de su hermano Dieguito, quien también trabajaba en el central y era a su vez relojero. Al cabo de unos cuantos días su estado se agravó y mi padre vino a

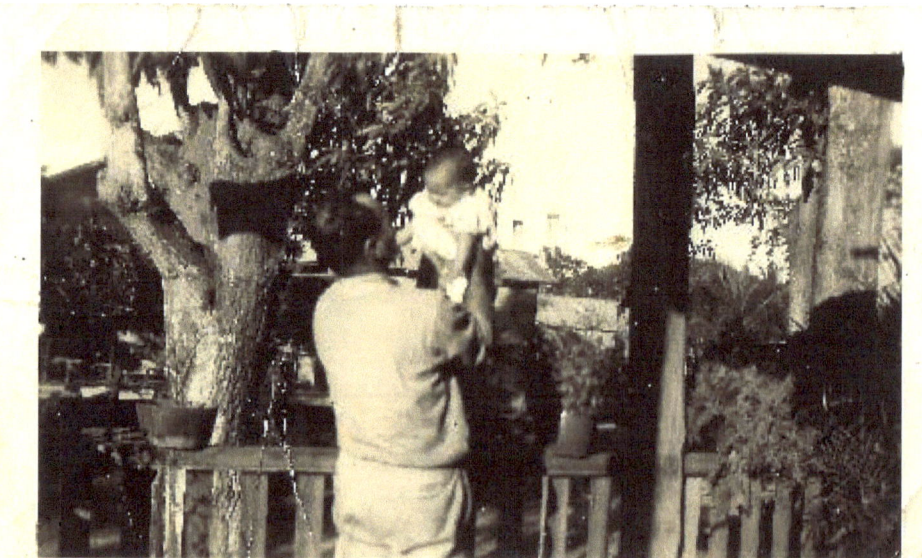

Belkis Cuza Malé en brazos de su abuelo Sanso, en su antigua casa de Ermita

recogerme. La recuerdo en aquellos momentos finales, ya débil, dando pasos con dificultad, ayudada por alguien más, mientras el olor a jazmín del Cabo inundaba como nunca antes el aire de las noches y en la lejanía los perros ladraban sin cesar. En todas partes esperaban la visita de la imagen de la Virgen de la Caridad del Cobre, que entonces recorría la isla —la misma que mi abuela y yo visitamos en su santuario, a donde me llevó ella a bautizarme cuando yo tenía dos años. Sentada en los escalones del portal de mi tío abuelo Dieguito, al atardecer, le pedía a la virgen que curara a mi abuela.

Días después, ya de vuelta en Guantánamo, y recluida en una habitación con mis hermanos, enfermos los tres con sarampión y paperas, un toque en la puerta de la calle, acompañado de aquel "Telegrama" vociferado por el mensajero, fue suficiente para mí.

"Se murió mi abuela, se murió mi abuela", gritaba yo, sin que mi madre hubiese aún tenido tiempo de abrir el telegrama.

Manuela Guadalupe, nacida el día de la Virgen, un 12 de diciembre de 1894, en la ciudad de Guantánamo, era hija de Abraham Pascual y Luisa Heredia Pérez . El padre descendía de emigrantes de Canarias, y la madre, de colonos franceses que habían huido de Haiti, durante la revolución. Idelfonso, el padre de Luisa Heredia, era primo hermano de los dos grandes poetas de igual nombre, José María Heredia, uno el cantor del "Niágara", y el otro devenido importante poeta francés tras radicarse en París.

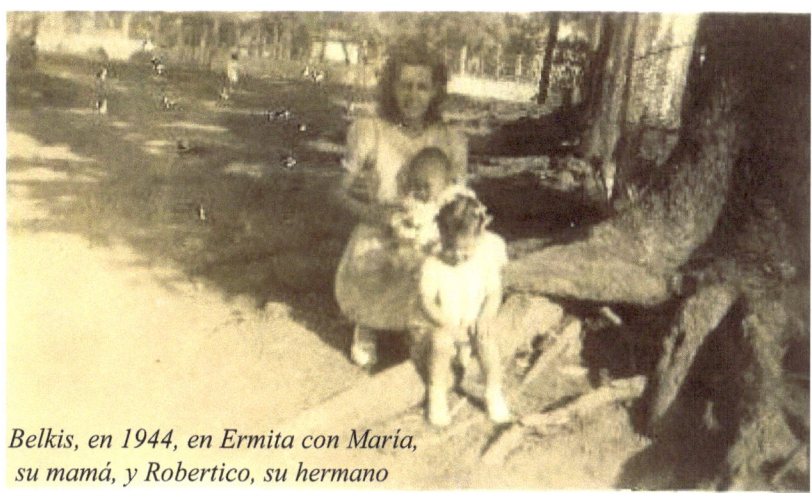

Belkis, en 1944, en Ermita con María, su mamá, y Robertico, su hermano

Manuela vivía con sus padres y hermanos en la calle Martí, en Guantánamo, pues una fotografía familiar de los primeros años del siglo XX los muestra en el patio de la casa que muchas décadas después yo visitaría con frequencia, habitada entonces por mi tía abuela Paquita y Faustino Fernández, su esposo. En la hermosa fotografía familiar aparecen, además de los padres, las cuatro hijas —María, Cristina, Paquita, Manuela y Luisita— y los dos varones hermanos de mi abuela: Antonio y Dieguito, así como Emilio, el esposo de María, y el primer hijo de ambos. Luisita era todavía una niña, de modo que puedo calcular que la foto se tomó alrededor de 1914, pues ella moriría a los 16 años, de una enfermedad viral complicada con su embarazo. Se había casado casi niña con Nilo Fernández, el hermano de Faustino, a quien llegué a conocer y a quien recuerdo haber visto con su nueva esposa en el barrio de San Justo.

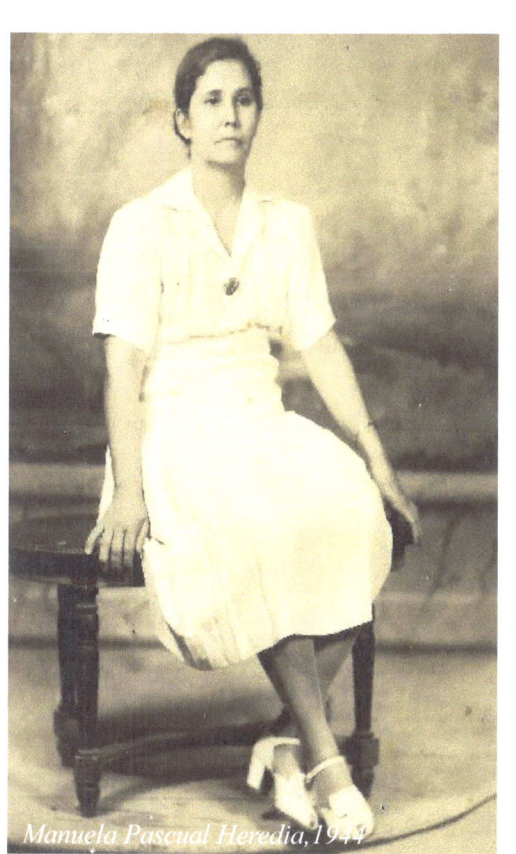

Manuela Pascual Heredia,1944

En 1917 nacería Roberto, mi padre, en esa misma casa de la foto, al igual que su hermano Gilberto, un año después. Paquita contaba que mientras en una habitación nacía Gilberto, en la otra moría Luisita, y que cuando Manuela Guadalupe vio pasar frente a su puerta el cadáver de su hermana menor sufrió un ataque de nervios que la afectaría al momento de dar a luz. De ahí, decía Paquita, que Gilberto fuese tartamudo y de pensamiento un tanto lento, aunque de carácter sano y bonachón.

La historia familiar que conozco no deja de ser extraña. Manuela Guadalupe se casó también muy joven con Sansón

Cuza Granada, quien por ese tiempo ya trabajaba en el central azucarero Ermita, cerca de Guantánamo, donde también vivían otros familiares suyos, entre ellos su hermana Cachita, casada con David Martínez, el primer maquinista del central, un señor delgado, de aspecto distinguido, con el que tuvo tres hijos: Juan Manuel, Davisito y Olga.

Sansón, a quien todos llamaban Sanso, era aficionado a la crianza y pelea de gallos finos, y se comentaba también, que a las mujeres. Estando mi abuela en estado de mi padre cuentan que se apareció una gitana (otros aseguran que se trataba de una mujer hindú), que venía a comprobar con sus propios ojos lo que ya le habían contado: que el novio era hombre casado y esperando su primer hijo. Ante la evidencia del engaño de Sanso, la mujer maldijo el vientre de mi abuela y se marchó dando alaridos. Quizás se trataba en realidad de una hindú, pues a principios de siglo existió en Ermita una

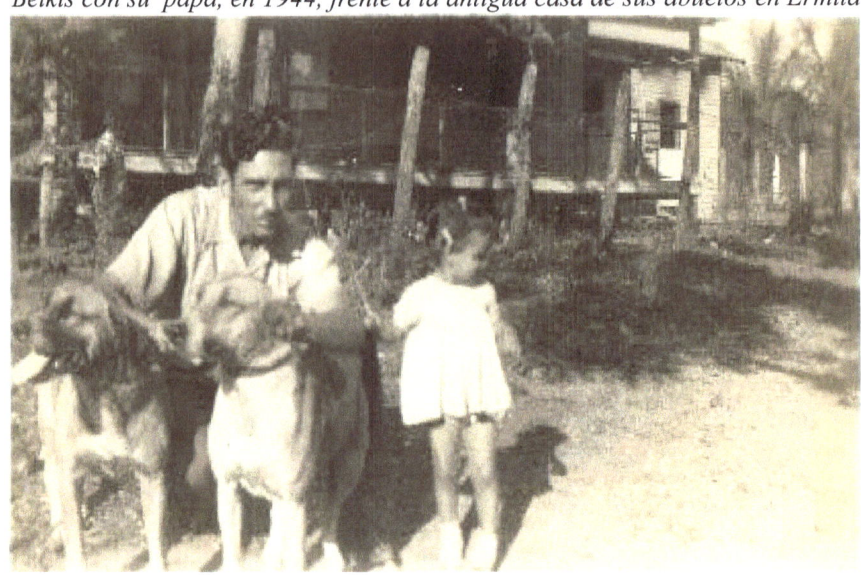

Belkis con su papá, en 1944, frente a la antigua casa de sus abuelos en Ermita

colonia de hombres y mujeres traídos como mano de obra barata desde Jamaica --pero oriundos de la India--, para que cortaran la caña, junto a los haitianos que solían hacerlo por una paga miserable.

La casa de mi abuela estaba en mal estado, como he dicho, pero eso no impedía que ella le dedicara las horas de su vida a mantenerla extremadamente limpia. Día a día baldeaba aquellos pisos de viejas maderas, hasta dejarlos casi pulidos. Cierro los ojos y puedo recordar la distribución interior de la casa: la pequeña sala, con muebles robustos, de madera oscura, seguida por la saleta en cuya pared central, al fondo, y sobre la puerta que se abría al cuarto de mi tío Gilberto (que por entonces todavía estaba soltero y vivía allí), la presencia de aquel Sagrado Corazón de Jesús aparecía a mis ojos como el guardián divino de la casa y de todos sus habitantes. Una tarde, mientras mi abuela comenzaba su limpieza, una fuerte tormenta de rayos y centellas, acompañada de mucha lluvia, me hizo buscar refugio junto a ella, atemorizada. Nunca olvidaré la explicación que me dio entonces: "No tengas miedo, es Papá Dios, que está haciendo limpieza en el Cielo y moviendo los muebles allá arriba". Otro día, mientras cosía en su vieja Singer, se atravesó el dedo con la aguja de la máquina. Yo estaba presente y me asusté mucho.

No sé cuánto tiempo asistí a aquella escuelita privada allí en Ermita, pero no tendría yo más de siete años, y sí recuerdo a la maestra y una anécdota inolvidable en torno a las patas de las gallinas. Mi respuesta a su pregunta sobre cuántas patas tenían, no sólo provocó su risa, sino que me tomó de la mano y me llevó al patio donde comprobé mi equivocación, que las gallinas sólo tienen dos patas, no cuatro como las imaginaba.

Los tiempos eran otros, y el caserío muy pequeño, de modo que una tarde mi abuela me mandó a la casilla de la carnicería, una especie de celda con barrotes verdes, tras los cuales se alzaba una pesa sobre el mostrador lleno de trozos de carne. La imagen permanece viva en mi mente, como un cuadro de Vermeer, el pintor flamenco.

Por lo regular cuando me pasaba unos días en Ermita, el hijo de la vecina --la viuda Benza, como la llamaban--, venía a jugar conmigo. Era un niño de unos ocho años que solía traer unos libros de lectura en inglés con ilustraciones que a mí me fascinaban. Se trataba de textos escolares de segundo grado que se usaban en las escuelas de Estados Unidos. Aquellas ilustraciones alimentaban la impresión que años atrás me había producido una enorme muñeca de cartón que los familiares de mi vecinito Chago habían traido de Estados Unidos. Creo que ambos recuerdos están asociados a la idea de la felicidad que me iba construyendo.

Junto con el niño hacía su aparición la viuda, trayendo un platillo con algún nuevo postre para mi abuela. No sé cómo llegaron a mis oídos rumores de la relación extramarital de mi abuelo con la viuda Benza. Y a la muerte de mi abuela comenzaron las sospechas, por parte de mi padre, sobre aquellos extraños platillos que la viuda solía obsequiarle, al extremo de que llegó a pensar en la posibilidad de exhumar el cadáver y someterlo a una investigación. Como no era creyente no se le ocurrió que podría haberse tratado de algún trabajo de magia negra o maleficio. Pero con el transcurso de los días, su sospecha se fue desvaneciendo, quizás porque el luto y el dolor contribuyeron a alejar todo pensamiento que no fuese el de la tristeza, y el hecho de que la ansiada casa con que soñaba ella se terminase de construir el mismo día de su fallecimiento llenaba aún más de pesar a todos los dolientes.

Para mí fue como si de súbito hubiera huido la luz de este mundo y caminase a ciegas. No es difícil de entender cuando se trata de una niña de nueve años con un padre excesivamente severo, dispuesto siempre a dar órdenes que no podían contradecirse, y una madre sometida igualmente a la autoridad de su marido. Para mi abuela yo era en cambio la hija que no tuvo y quizás la esperanza de que pudiese yo vivir la vida que a ella no le permitieron los prejuicios y la obediencia a que estaban sometidas las mujeres de su época. Soñaba con que yo fuese "algo", quizás una pianista, insinuaba, pero sin que perdiese "la gracia" del amor a las tareas hogareñas, o la del nombre. Habiendo nacido el 15 de junio, día de San Modesto y San Vito, hizo que me agregasen el Modesta, para no perder la gracia

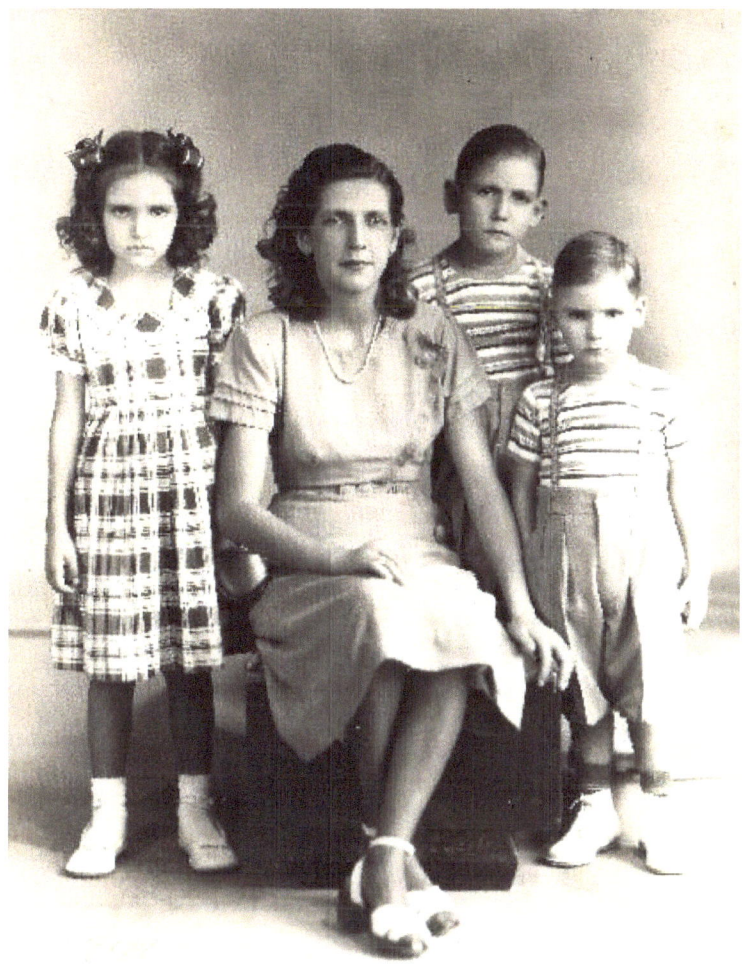

del nombre del santo, decía. Y preocupada por mi porvenir, compró una pequeña llavecita de oro con su cadena, y mientras me la colgaba al cuello le oí decir: "Para que se te abran siempre todas las puertas". Eso, y aquel precioso abriguito de astracán rojo que me regaló en un invierno, permanecen nítidos en mi mente. Tampoco puedo olvidar algunas escenas de las últimas etapas junto a ella, como cuando calentaba una antigua plancha de hierro que tenía destinada para derretir el caramelo de las ricas natillas que hacía. Se trataba de una técnica primitiva y extraña, pero que funcionaba: se cubrían con azúcar parda los pozuelos de natilla, y luego se pasaba sobre ellos la plancha muy caliente, de modo que el azúcar se derretía al punto de caramelo. Eran los momentos en que el olor del azúcar quemada llenaba la casa de algo que yo definía en mi mente con una sola palabra: felicidad. O aquel

Belkis, el día de su cumpleaños, 15 de junio de 1949, con su mamá y sus hermanos Robertico y Rafael.

atol que preparaba con la leche del maíz, tras rayar las mazorcas. O sus sopas, siempre diferentes, hasta la que llevaba una tostada de pan flotando como un iceberg en el humeante pozuelo.

Cada atardecer, durante el tiempo de la zafra, preparaba la merienda que llevaría mi abuelo al central, pues muchas veces trabajaba en el turno de la madrugada: frituras de bacalao recién hechas, y aquel café con leche al que había que batir hasta que se formase una espuma, pues era la única forma que le gustaba a mi abuelo.!Cuántos manjares salían de su cocina para complacer a los demás, y ella apenas si reparaba en sus malestares, que ya abundaban a pesar de que era una mujer todavía joven!

Cuando hace unos meses vi por primera vez una foto donde aparezco a los dos años con mi padre y os enormes perros al frente de la casa, descubrí no sin sorpresa, la ventana del cuarto que separado de la vivienda se alzaba a la derecha, y que como digo, años después serviría de alojamiento temporal a mi abuela (y a mí) al comenzar la construcción de la nueva casa de mampostería. Sí, por aquella ventana de la improvisada cocina, contemplaba yo las torres del central, y penetraba el exuberante olor a melaza. Aquella, sin duda, era la ventana del pasado eterno.

El olor a melaza y a jazmín del Cabo inundaban el central en las noches tórridas, en las que de seguro el sufrimiento físico de mi abuela se acrecentaba; sin saberlo estaba viviendo junto a ella sus últimos días. Un año atrás había regresado de La Habana y se hablaba de una operación a la que había sido sometida. Cáncer, dijeron, pero yo entonces no entendía el significado de esta palabra. Sin embargo, había otras penas, mayores y menores: una úlcera en la pierna izquierda que no cicatrizaba (sin dudas, padecía de diabetes), y aquellos ataques que todavía no sé cómo definir, pero que quizás tengan algo que ver con la histeria o la epilepsia. Lo ignoro. Pero la recuerdo atacada de los nervios, gritando, desmadejada, como si hubiera perdido de súbito el conocimiento, y yo corriendo aterrorizada a casa de la vecina de enfrente para pedir ayuda. Cuando volvía a la normalidad no se hablaba más del incidente, y la vida tomaba de nuevo su rumbo, hasta que la muerte lo cambió todo.

A los pocos meses, mi abuelo Sanso se compró un Ford negro y al año se casó con Blanca, una señora madura y solterona, que nunca supimos de dónde la había sacado. Con ella se fue a vivir por un tiempo a la casa nueva, no mucho, porque Blanca tenía una en Santiago de Cuba, y allí se estableció mi abuelo cuando no trabajaba en el central.

No sé si el fantasma de mi abuela merodeaba por la nueva casa que sustituyó a la suya, porque no regresé al central Ermita, ni siquiera para visitar la tumba de uno de los seres que más he amado en mi vida.

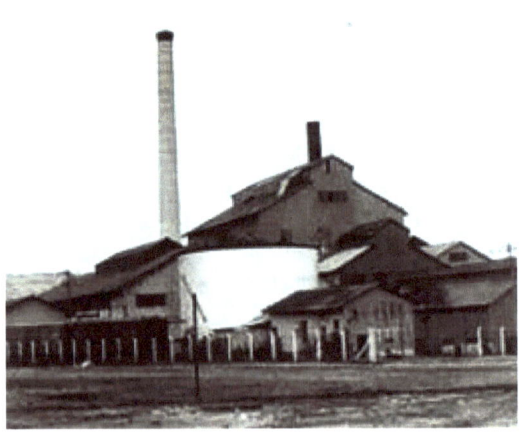

Todas las fotos de esta sección son de Hugo A. Mujica y pertenecen a su libro

Hugo A. Mujica
Life in a Sugar Mill Town

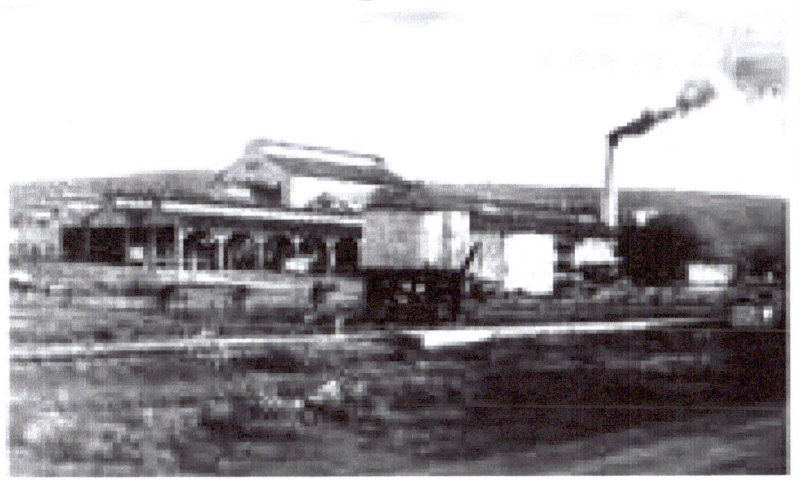

Life in a Sugar Mill Town

Coming of Age in Cuba on the Eve of the
Communist Revolution

By HUGO A. MUJICA

La vida en un central azucarero

Belkis Cuza Malé

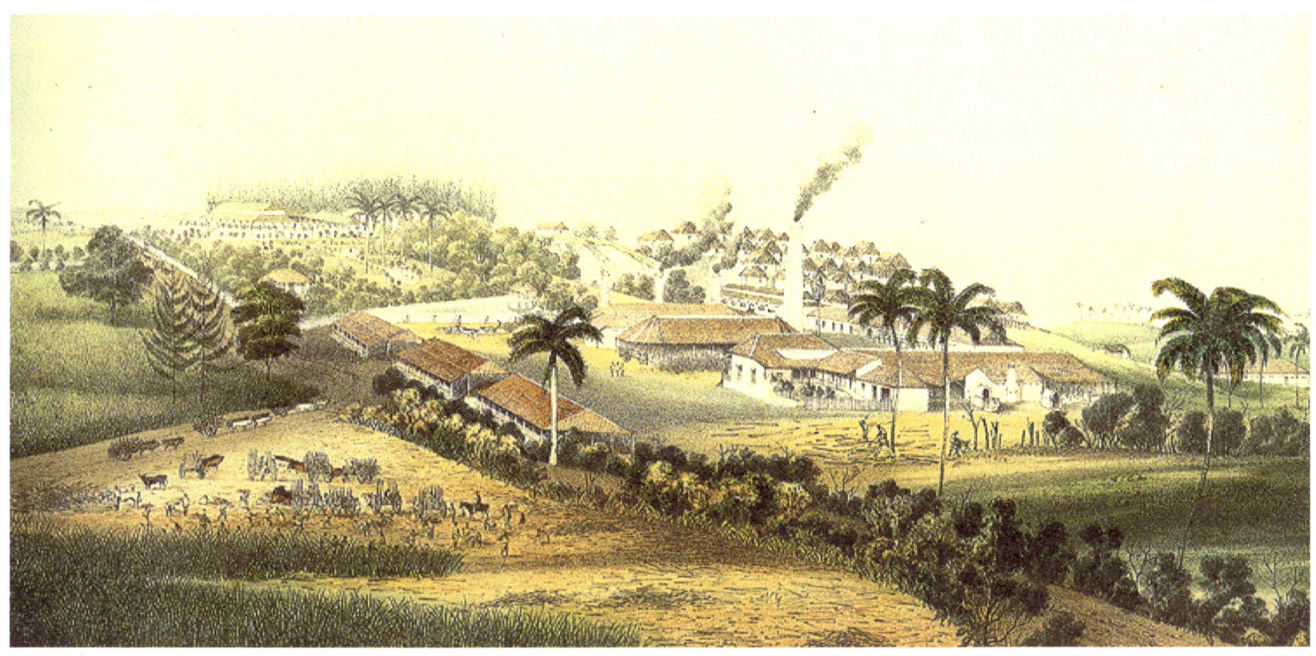

El tiempo es historia. Y sólo historia es lo que queda en este presente eterno al que han ido a parar una inmensa mayoría de los antiguos centrales azucareros cubanos. Da grima pensar que como muchas cosas en Cuba, los centrales pertenecen a las ruinas. Estén en pie o hayan sido demolidos trágicamente, la Isla ha perdido algunas de sus venerables reliquias.

El historiador Manuel Moreno Fraginals nos ofrece una amplia visión de los centrales azucareros, sus orígenes y fundación en su libro *El ingenio*, pieza clave para entender el desarrollo de un país que había hecho del monocultivo de la caña de azúcar su sello de distinción, y también su punto débil. Una industria que se asentaba en la mano de obra de los negros esclavos al principio, y luego en la no menos esclava en los siglos posteriores, cuando estos fueron sustituidos por haitianos y marginados al que se les pagaba una miseria. Esta situación ensombrecía el cultivo y la producción de azúcar, marcada por la injusticia social de esos tiempos. Varios son los libros que recogen la lucha de los obreros azucareros por un mejor salario y condiciones de vida. Todo esto también es historia.

Era óbvio que la producción de azúcar, por muy elevada que fuese la cifra de toneladas, no podía generar trabajo estable para los que vivían de la industria. Por otra parte la mayoría de los ingenios o centrales azucareros eran propiedad de grandes consorcios norteamericanos que, desgraciadamente, no tenían interés en contribuir al desarrollo social de los bateyes, como solía llamársele a los pueblecitos o aldeas que se establecían alrededor del ingenio. De modo que, salvo contadas excepciones, los bateyes recordaban al sur pobre de los Estados Unidos, con sus caseríos víctimas del paso del tiempo y la miseria. Los tres meses que duraba la molienda solían caracterizarse por una febril actividad, pues era el principal modo de subsistencia que tenían sus moradores. Pronto vendrían los meses del llamado ¨tiempo muerto¨, donde para sobrevivir se hacía de todo, desde sembrar en terrenos arrendados, pasando por la cría y venta de animales para el consumo, hasta cualquier labor que permitiera ganar unos pesos.

Un poco antes de que comenzara la molienda, las maquinarias eran sometidas a lo que se conoce como "el tiempo de las reparaciones". Había que limpiar, engrasar y repararlas, de modo que estuvieran listas para la nueva zafra azucarera.

Conozco de primera mano todo esto, pues mi abuelo, mi padre, algunos tíos y primos, eran obreros azucareros en el Central Ermita, a unas veinte millas de la ciudad de Guantánamo.

Y es de ese central y de la vida allí a lo que quiero referirme, y de un libro en particular sobre el tema, *Life in a Sugar Mill Town*, de Hugo A. Mujica. Un libro que nunca esperé encontrar, y que debería ser traducido al español, para disfrute de los cubanos todos.

Hugo A. Mujica (Ermita, Cuba, 1936), escribió su autobiografía, no porque fuese un escritor profesional, sino por el puro gusto de contar para los suyos, y sus amigos, cómo transcurrió su vida en el sitio que lo vio nacer y crecer y del que se marchó para siempre a los ventitrés años, en 1959. En la actualidad reside cerca de Boston, donde trabajó

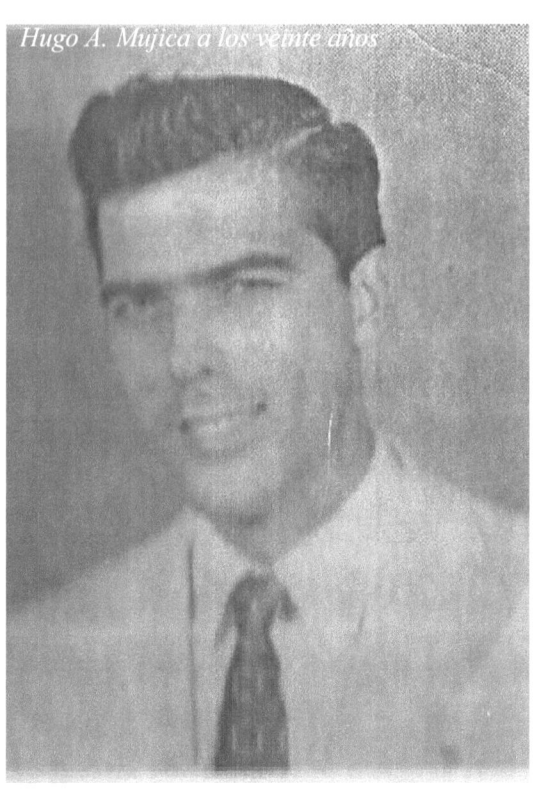
Hugo A. Mujica a los veinte años

en la banca hasta su retiro.

Las memorias de Mujica son doblemente valiosas, y no puedo menos que recomendarla a los interesados en conocer de primera mano el testimonio de un joven que vivió en el lugar de los hechos el trágico final de la lucha contra Batista, cerca de donde se encontraba la comandancia del Segundo Frente. El pequeño poblado de Ermita sufrió el embate de ambas fuerzas; la de los alzados del Segundo Frente, y la del ejército, cuyo cuartel resultó escenario de un violento ataque por parte de los rebeldes. Mujica cuenta con lenguaje sencillo, pero detallista, la tensión que se vivió en Ermita en los años 1957 y 1958.

Somos testigos de cómo esta familia, formada por los padres y seis hermanos,

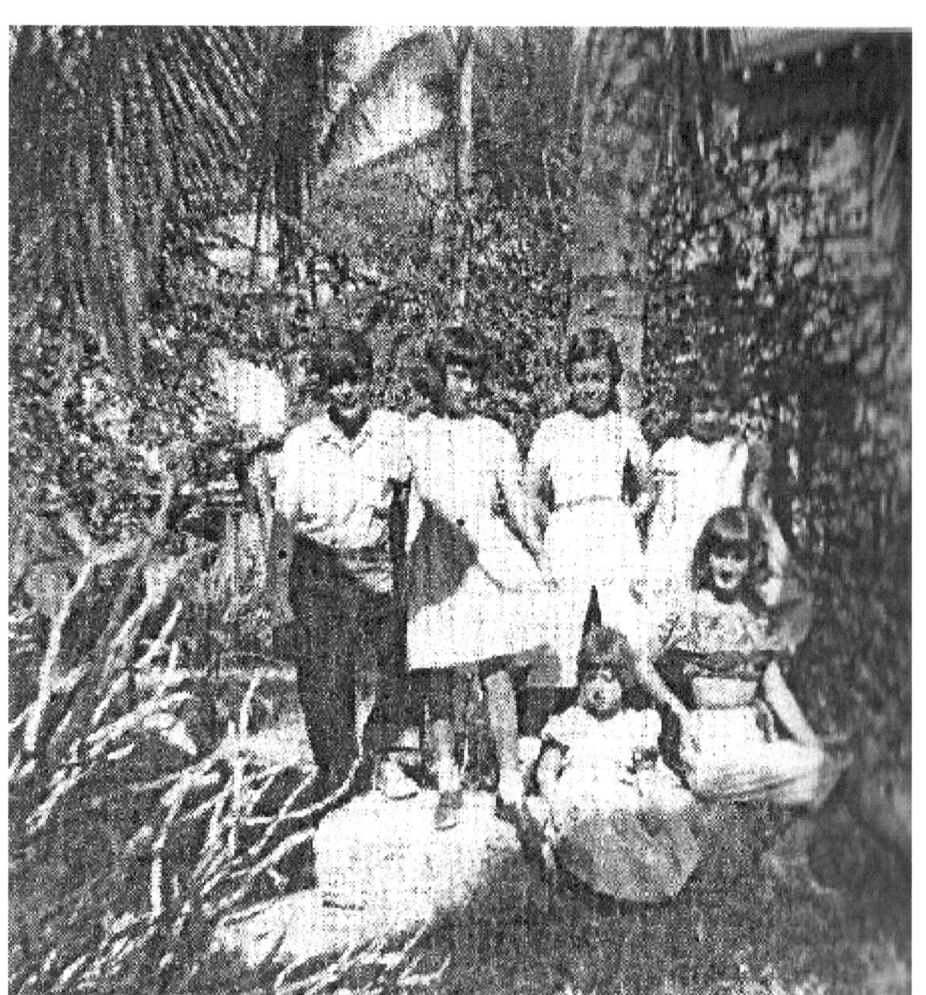
Mujica, de niño, con dos hermanas y varias amiguitas

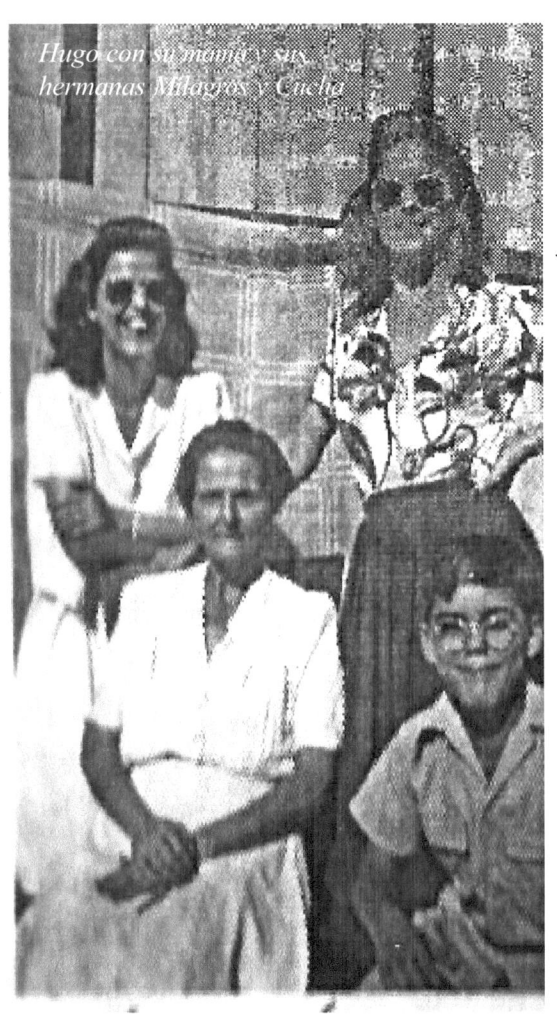

Hugo con su mamá y sus hermanas Milagros y Cucha

además de él, vivieron hasta la llegada de los alzados una bucólica existencia, rodeados de los amigos del batey, excursiones al río y a los montes que rodean el central, además de periódicas visitas a las ciudades de Guantánamo y Santiago de Cuba. En el colegio La Salle de Guantánamo estudió y se graduó en 1953 de administración de negocios el joven Mujica, quien luego pasaría a laborar en las oficinas de la Hacienda San Andrés, rancho ganadero propiedad de Mr. Pingree, dueño también del central. El autor nos da detalles de todo lo que ve y oye, de sus compañeros de trabajo, de sus amigos, y hasta de su encuentro con Raúl Castro, a raíz de la toma por los rebeldes del cuartel de Ermita.

El encanto del libro radica precisamente en su detallado recuento de la vida en el central, una vida que, como digo, parecía transcurrir serenamente, sin mayores sobresaltos, gobernada por la normalidad —desde los años cuarenta hasta finales de 1956. Por Mujica nos enteramos que Vilma Espín y su hermano Iván, que entonces residían en Santiago de Cuba, solían visitar Ermita durante sus vacaciones escolares; de modo que cuando Rául Castro entra en el poblado manda a buscar al joven Hugo, pues quiere conocer al amigo de Vilma, entonces su novia y compañera de insurrección.

Dos cosas llaman mi atención en este libro: las fotos, y la descripción que hace el autor de su encuentro con la violencia imperante que se vivía en Ermita a partir de la presencia de los rebeldes castristas en la zona. La escena de los cinco ahorcados y la angustia por saber si su hermano Oscar se encontraba entre ellos, está muy bien narrada y es sobrecogedora.

Las fotos de la familia Mujica que aparecen en el libro muestran a grupos de jóvenes vestidas a la moda, con mucha gracia, sin que podamos ubicarlas como residentes de un pequeño poblado, casi aislado de la civilización por la espesa vegetación que lo envolvía. La

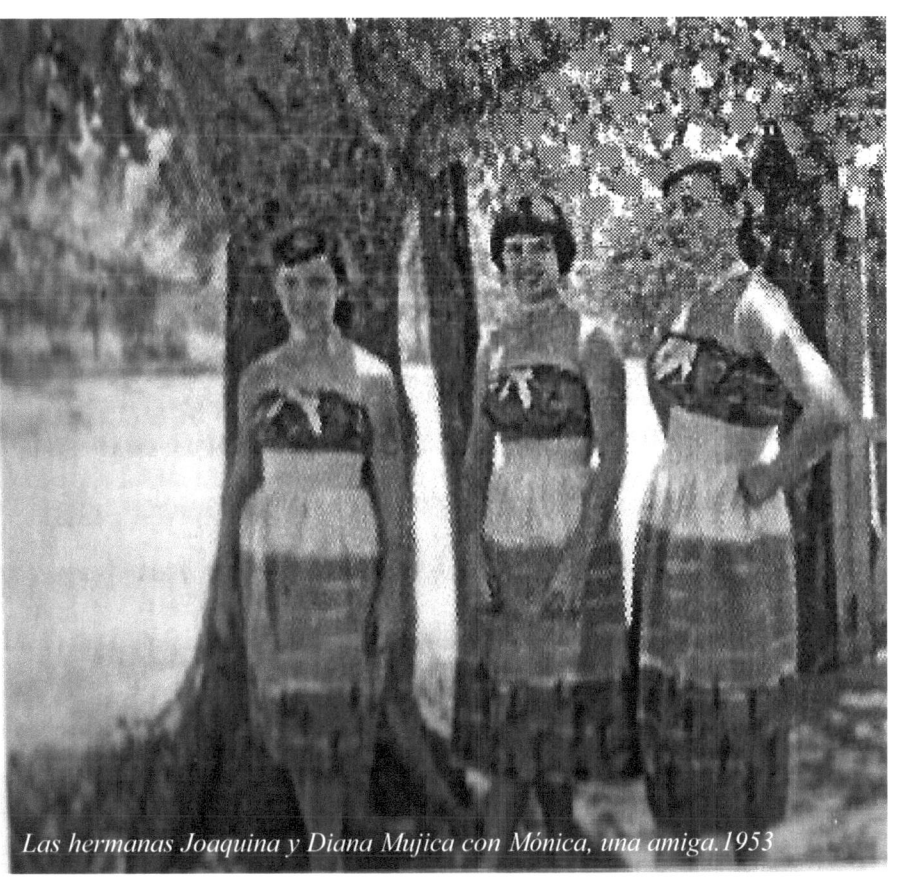

Las hermanas Joaquina y Diana Mujica con Mónica, una amiga. 1953

ciudad de Guántanamo, a veinte millas de Ermita, era quizás el punto de referencia más cercano a la vida "civilizada". Pero sin duda, estas jóvenes se bastaban a sí mismas para estar a la moda y pasarla bien. Y así hubiera sido siempre, de no ser porque la revolución de Fidel Castro acabó con una época y con el central Ermita, desmantelado hace poco más de una década.

Por fortuna, un libro como *Life in a Sugar Mill Town*, de Hugo A. Mujica, se encarga de dar testimonio de este paraíso perdido.

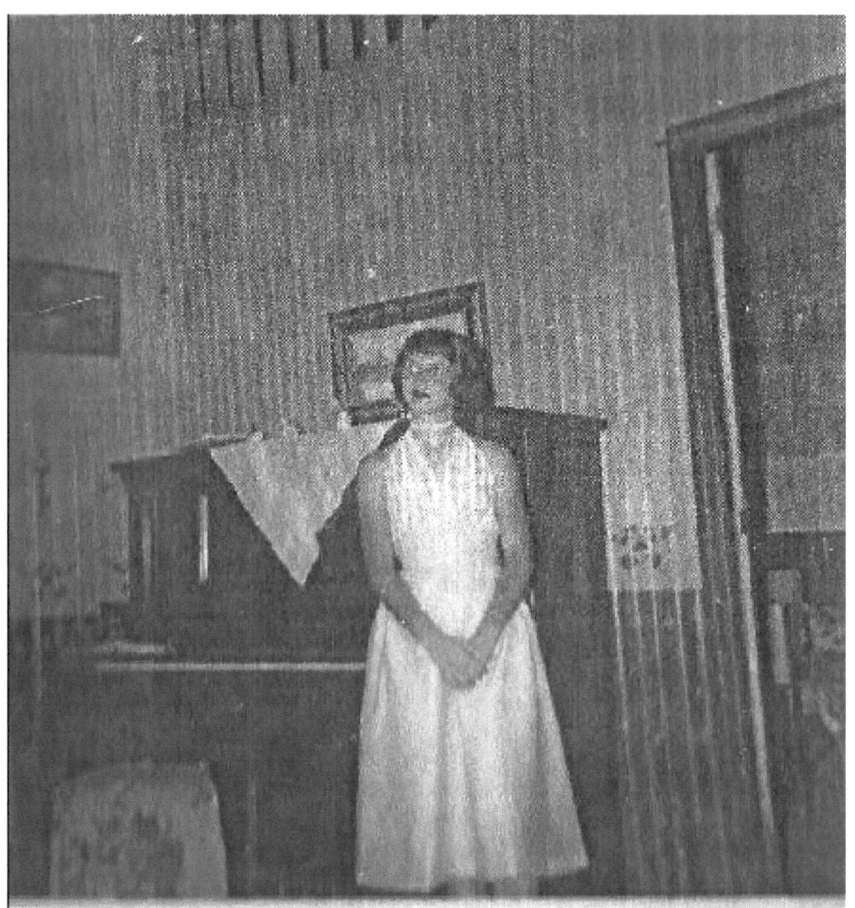

Diana Mujica frente al "famoso" piano de los Mujica, Ermita, 1953

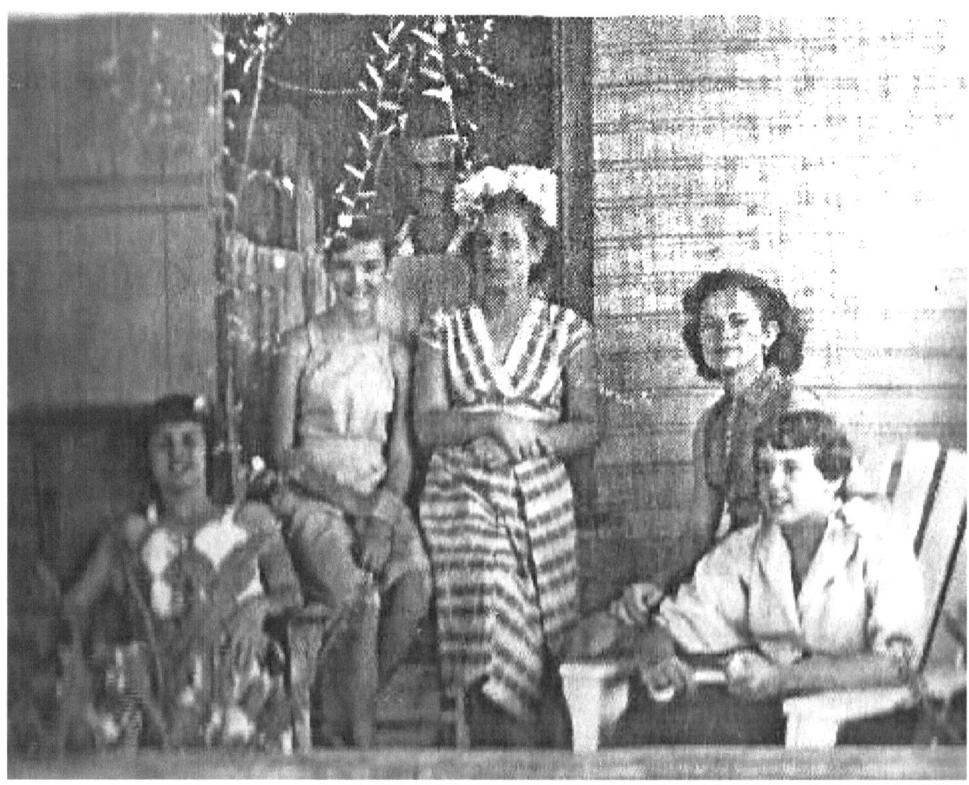

En el portal de los Mujica: los hermanos Diana, Joaquina y Oscar, junto a tres amigas, en 1953

Life in a Sugar Mill Town

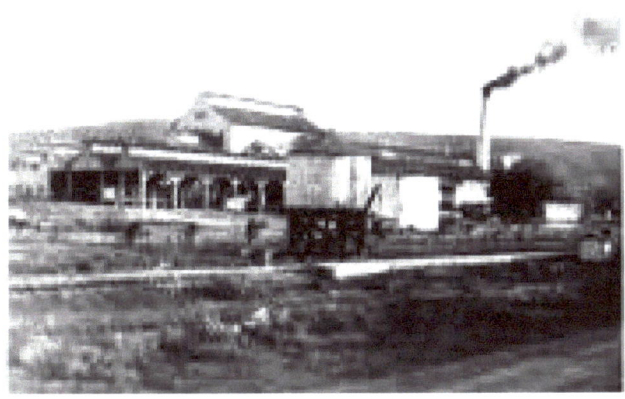

Coming of Age in Cuba on the Eve of the
Communist Revolution

By HUGO A. MUJICA

Mark Rodgers
ERMITA
Carta a mis tíos y tías
(Los Mujica)
(Febrero 1999)

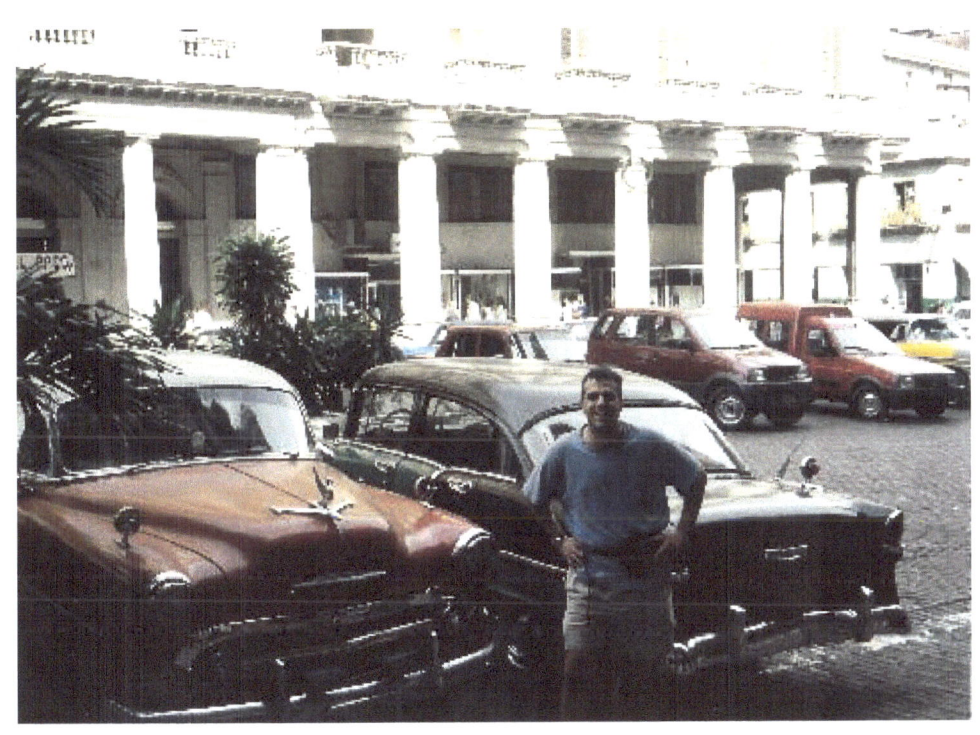

Mark en La Habana, junto a viejos automóviles americanos

Todas las fotos de esta sección son de Mark Rodgers

Mark Rodgers:Ermita
Carta a mis tíos y tías (Los Mujica)

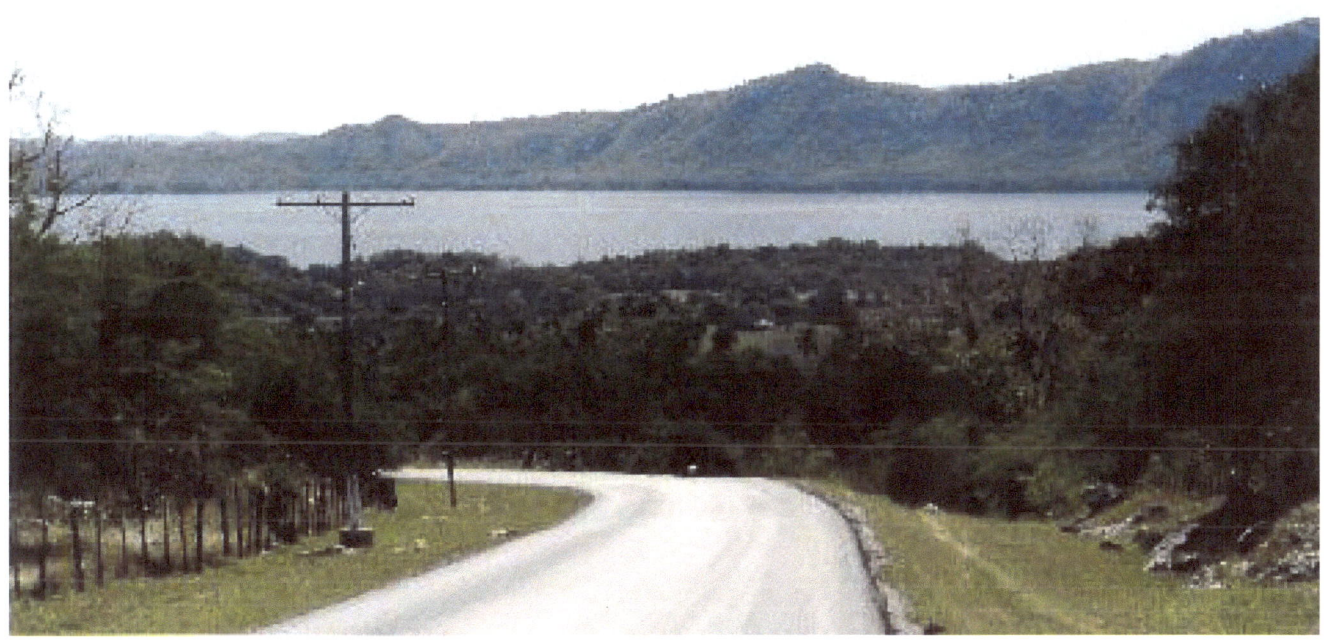

Un embalse de agua, en el camino que lleva de vuelta a Santiago de Cuba. Hugo Mujica señala que descemdiendo está Río Frío y San José, que formaba parte de la Hacienda San Andrés, donde él trabajaba en la oficina.

El viaje a través del campo fue absolutamente hermoso. Esas colinas reverdecidas y millas de campos de caña... Nos detuvimos en el poblado de La Maya donde mucha gente parecía aburrida o sin nada que hacer. Aunque era un día muy caluroso, probablemente el único en que hizo 90 grados durante el tiempo que estuve allì (el invierno).

Ya próximos al pueblo, vimos un embalse de agua —no estoy seguro si existía cuando ustedes vivían aquí. Casi llegando a Guantánamo, el chofer torció a la izquierda en un caminito que llevaba a Ermita. Cuando divisé en la distancia una chimenea humeante, mi corazón se aceleró y mi respiración se hizo más agitada, mientras yo le preguntaba al chofer si ése era el pueblo. Dijo que sí, y le pedí que detuviese el carro, de modo que yo pudiese tomar una foto de la torre del central en la distancia, que era todo lo que podíamos ver del pueblo. Los alrededores del campo todavía son bellos y yo no podía contener mi emoción, porque incluso mirado desde lejos, Ermita es hermoso.

A medida que nos acercábamos al pueblo mi excitación aumentaba, hasta el momento en que vi el primer edificio a la izquierda, donde estaba pintado aquel Consejo Popular Costa Rica. Cuando llegamos al centro, una gran cantidad de gente que caminaba por la calle volvía sus cabezas para ver la escena nada familiar de un taxi de turista. Yo habría podido alquilar un carro particular, que es mucho más

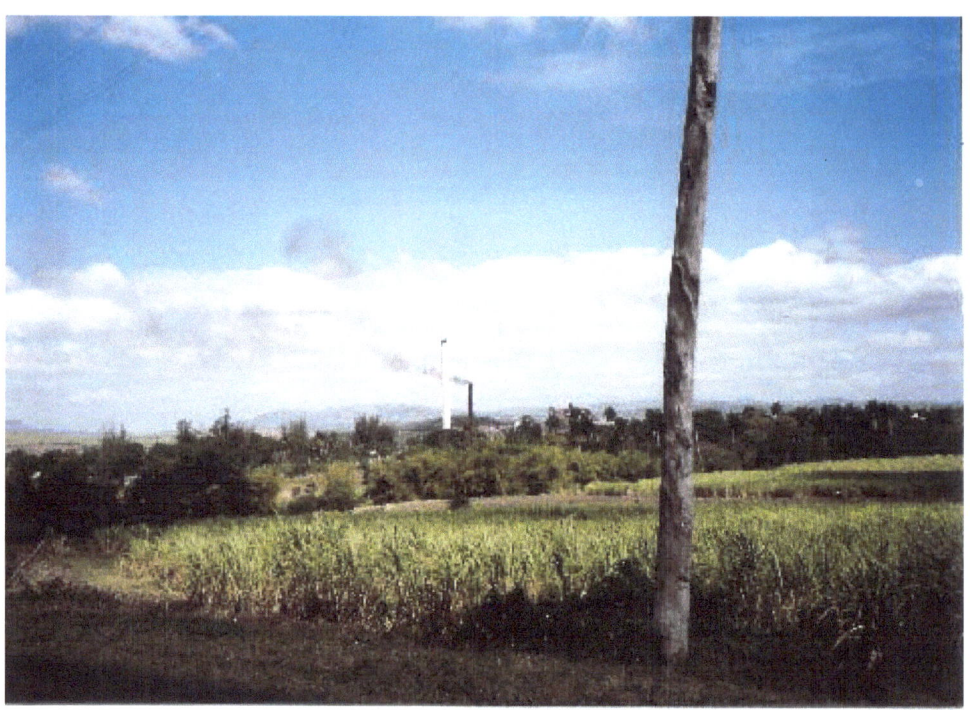

Chimeneas de Ermita en la distancia, en plena producción

barato, pero no quería arriesgar la excursión, de modo que contraté un taxi oficial de turismo para que nos trajera hasta allí, nos permitiera visitar el pueblo por unas horas y nos llevara de vuelta a Santiago por noventa dólares. Eso es caro en Cuba, pero valió la pena para mí por ser un viaje tan especial.

Llegamos al central cuando todavía parecía estar en plena producción. El ingenio era una colmena en plena actividad, con los trabajadores que llegaban a la planta y los camiones entrando y saliendo. Este es el centro de las actividades todas del pueblo, y de seguro sucedía lo mismo cuando ustedes vivían aquí. Divisé un par de tiendas en la calle principal, pero ahora que estábamos en el central no deseaba continuar en el carro, de modo que Jenny y yo nos bajamos del auto y le dijimos al chofer que nos esperara, que volveríamos cuando hubiéramos terminado de ver el pueblo.

Comenzamos a acercanos a la gente que encontrábamos, para preguntarles si conocían a una

Entrada al pueblo

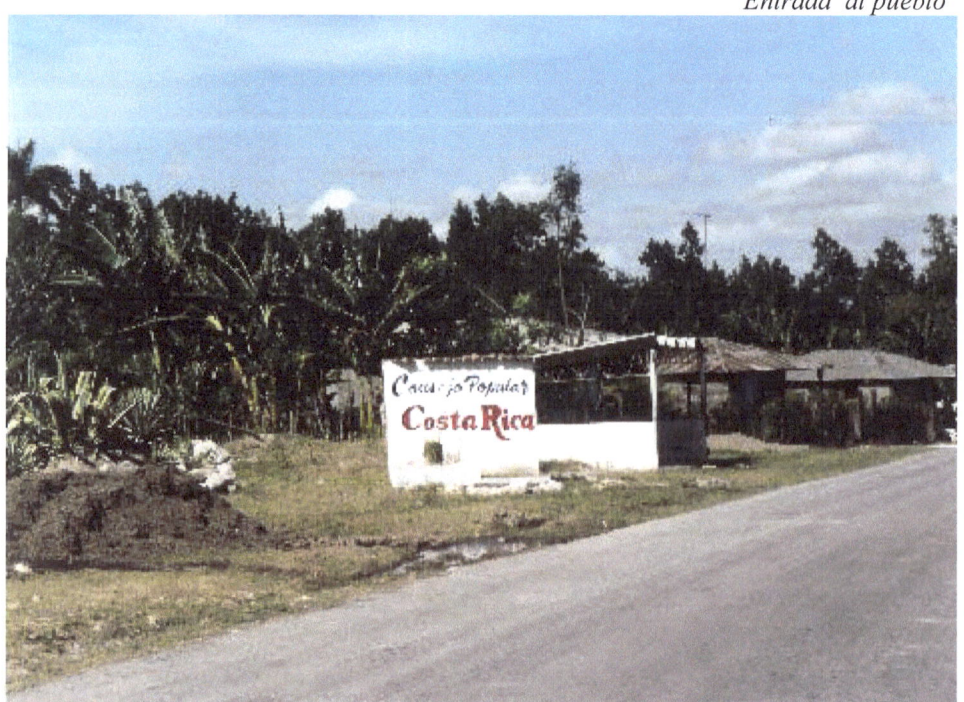

señora llamada Carmita La Curra. Pero no pudimos dar con ella, porque aparentemente se había mudado para Guantánamo, pero mientras la buscábamos nos topamos con su sobrina Emma y su hijo. Emma fue muy amable y nos dijo que ella había sido amiga de Milagros y que conocía acerca de la familia Mujica. (Emma tiene 40 años). Le pregunté a Emma si sabía dónde estaba la casa de los Mujica, y ella dijo que por supuesto, y se ofreció

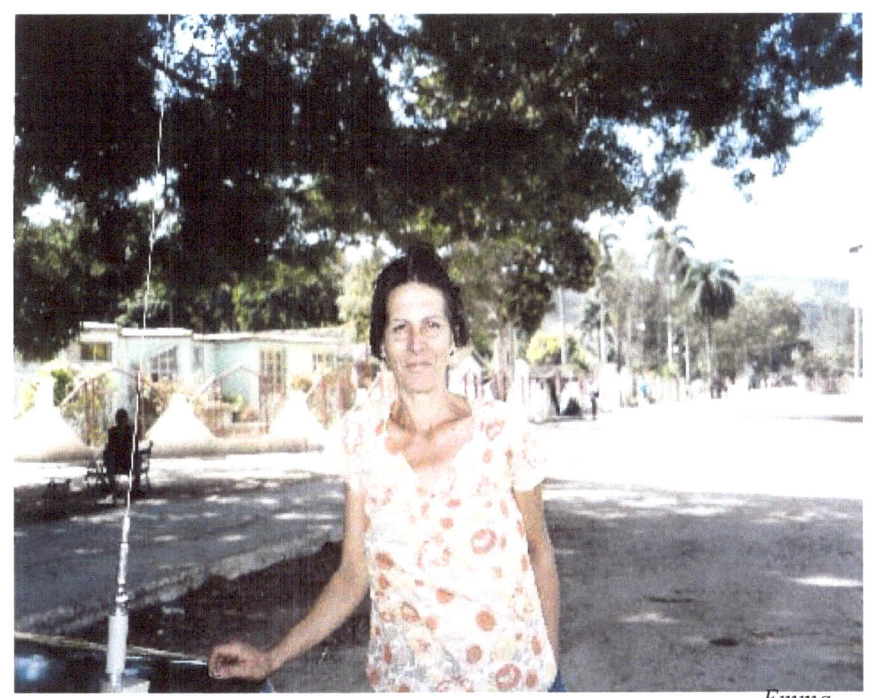

Emma

a llevarnos allí.

Estaba ansioso por ir, pero tengo que admitir que también me sentía un poquito preocupado sobre cuál habría de ser la actitud hacia mí de Cristo, el esposo de Milagros. Si me preguntase no le iba a decir nada sobre Milagros, negándole que supiera dónde vivía ella, bueno, en caso de que lo hiciese. Pero él ni siquiera estaba en el pueblo, y no volvería en todo el día, de modo que no había posibilidad de encontrarnos.

Emma me llevó a la casa, que estaba directamente en la calle principal. Como muchas de las casas en Cuba en estos días, todas están en ruina. Hugo me había dicho que él dudaba de que la casa todavía se mantuviese en pie, porque durante muchos años había estado invadida por las termitas. Tocamos en la puerta, y nos abrió una anciana, que Emma sabía era la actual esposa de Cristo. Emma le explicó a la señora quién yo era, y aunque pareció soprendida, fue amable con nosotros. Le pedí permiso para tomar fotos de la casa y accedió. Pueden ver en las fotos que he enviado con esta carta, que la casa todavía está en pie, pero en muy malas condiciones. Mientras me encontraba parado en el portal del frente, podía sentir que las tablas del piso cedían con mi peso.

Sé que para algunos de ustedes esta será una triste noticia acerca de su antigua casa, pero pienso que algún día nuestra familia Mujica tendrá una o más casas en Cuba que serán mucho más bonitas. Aunque debo decir que cuando estuve adentro, y ustedes podrán ver la foto que tomé, la casa conserva, incluso hoy, cierto encanto. Mi madre pensaba que la casa parecía tan diferente en su memoria, que al

Frente de la casa de los Mujica

principío dudaba de que yo hubiese dado con ella. No fue hasta que le mostré la foto del segundo píso de la casa del vecino de al lado y el escalón de cemento al frente, que comprobó que no me había equivocado.

Contemplando la casa desde afuera pude ver que estaba compuesta de tres secciones. Hay todavía áboles en la propiedad y al frente se mantiene una frondosa vegetación, pero sin que parezca un

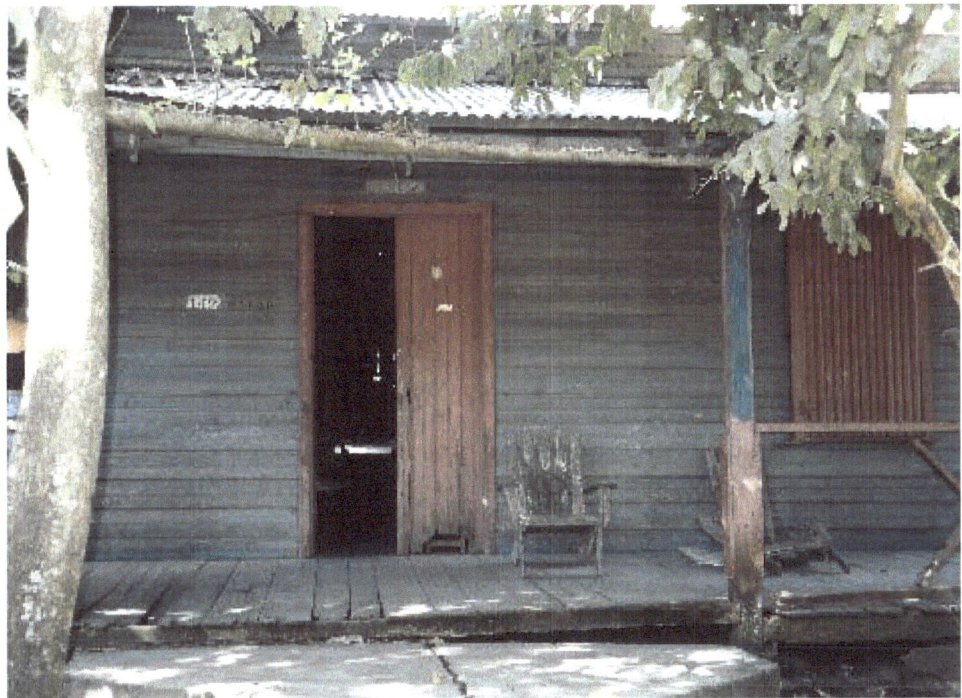

31

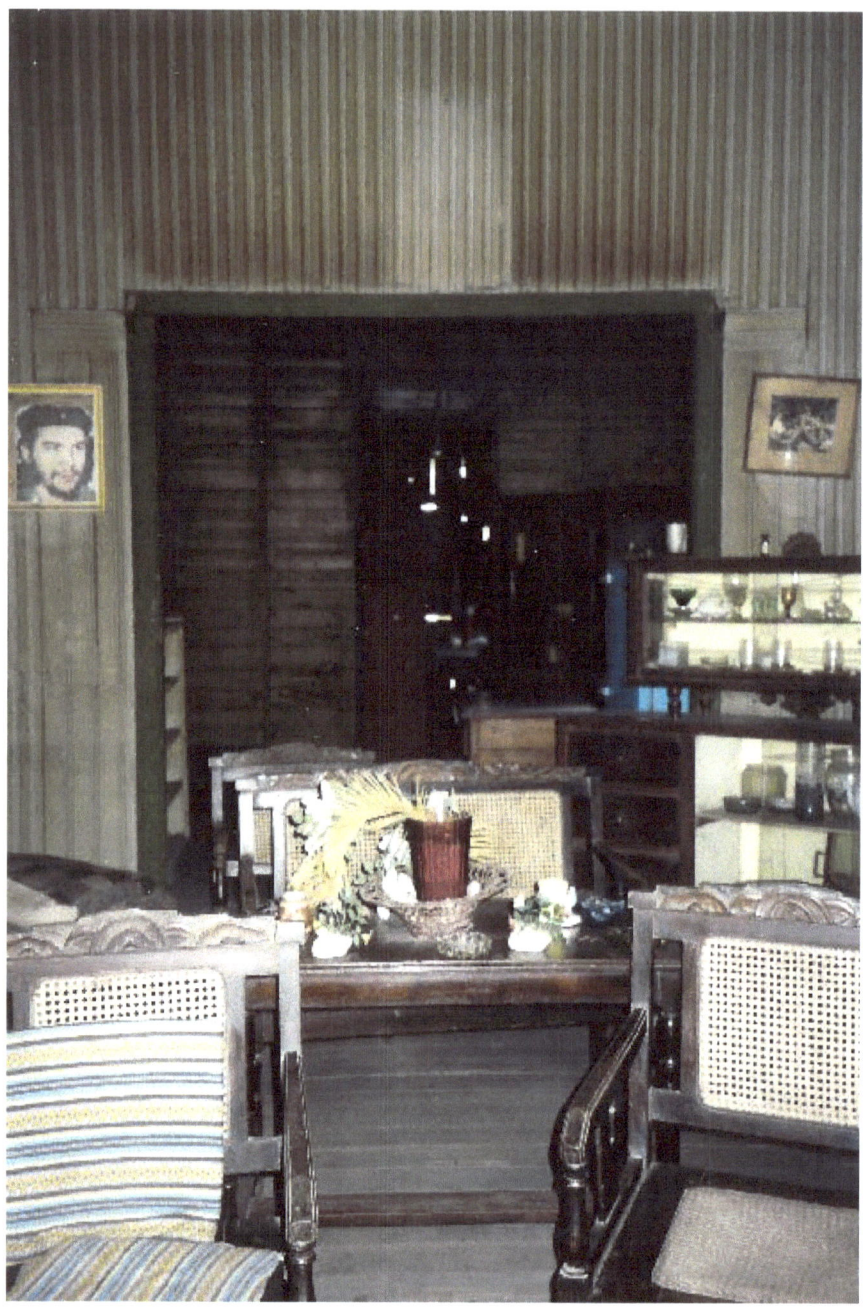

Vista interior de la casa de los Mujica. "Arriba de la puerta --dice Hugo Mujica"--, teníamos una foto de la virgen de la Caridad del Cobre. La foto a la derecha es mi hermano Osvaldo y los muebles eran los nuestros"

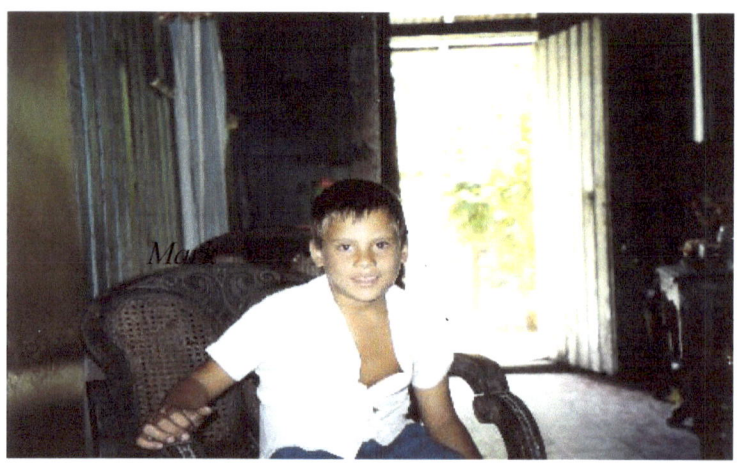

Hijo de Emma

jardín propiamente dicho, que hubiera sido plantado. !Oriente es tan exuberante!

Dejamos la casa y acompañamos a Emma a su vivienda, a unos cinco minutos de camino. Nos sirvió agua fría y nos mostró algunas viejas fotos de su familia. Todavía Emma llama Ermita al pueblo y dice que era mejor antes de la Revolución, aunque ella no es lo suficientemente vieja para recordar esos días. Yo había traído conmigo a Cuba varios "regalos" de Estados Unidos. Cosas simples como goma de mascar, papel higiénico de baño, plumas, latas de tuna, y cosas así. Le di a Emma algunas de estas cosas y se sintió muy agradecida.

Jenny y yo le dijmos adiós a Emma y caminamos alrededor del pueblo. Hay un parque en el centro con pequeños bancos de cemento. Hay una pequeña sala de teatro, y una pequeña estación de trenes. Los alrededores de la campiña son muy hermosos. El pueblo me pareció una especie de *"happening",* el central le daba al lugar el tiempo real y me pareció mucho más activo que algunos de esos lánguidos pueblos que vi, como La Maya.

En el camino de regreso al carro, tomé fotos de "La loma". Mi madre conserva gratas memorias de cuando ella subía a esa loma con Mónica. Me hubiera gustado muchísimo haberlo hecho yo también. La vista del pueblo desde allí tiene que ser fantástica. La próxima vez.

Mark

Lo que vio y fotografió Mark durante su visita a Ermita en febrero de 1999

Casa vecina a la de los Mujica

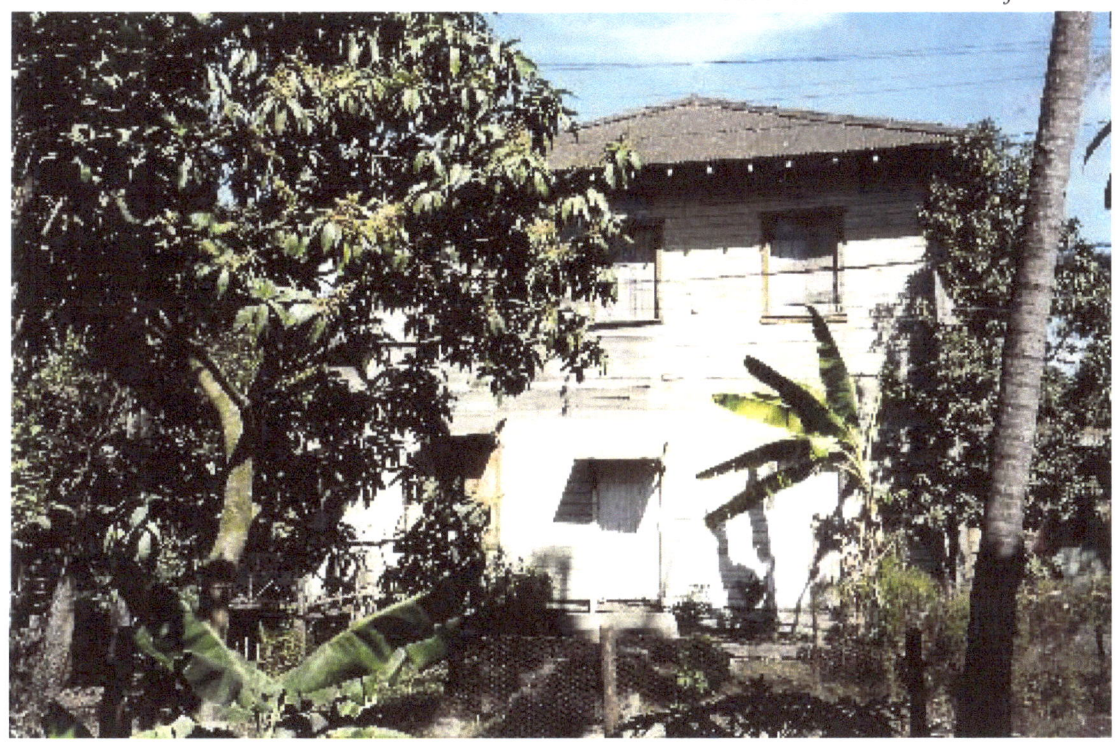

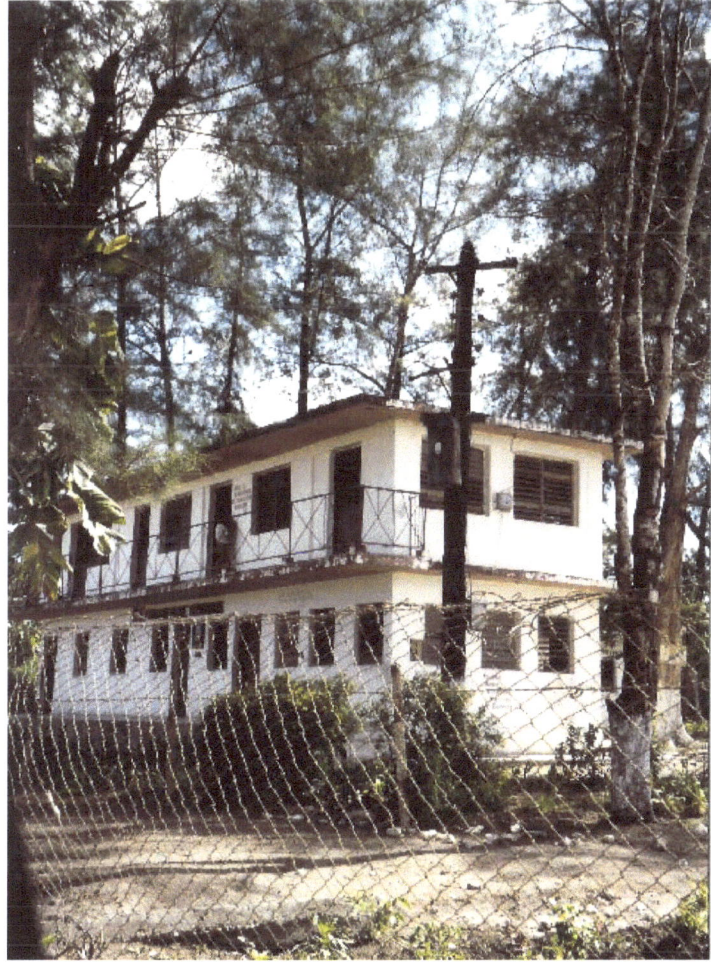

Edificio al otro lado de la calle donde estaba la casa de los Mujica. Posiblemente, las antiguas oficinas de la compañía

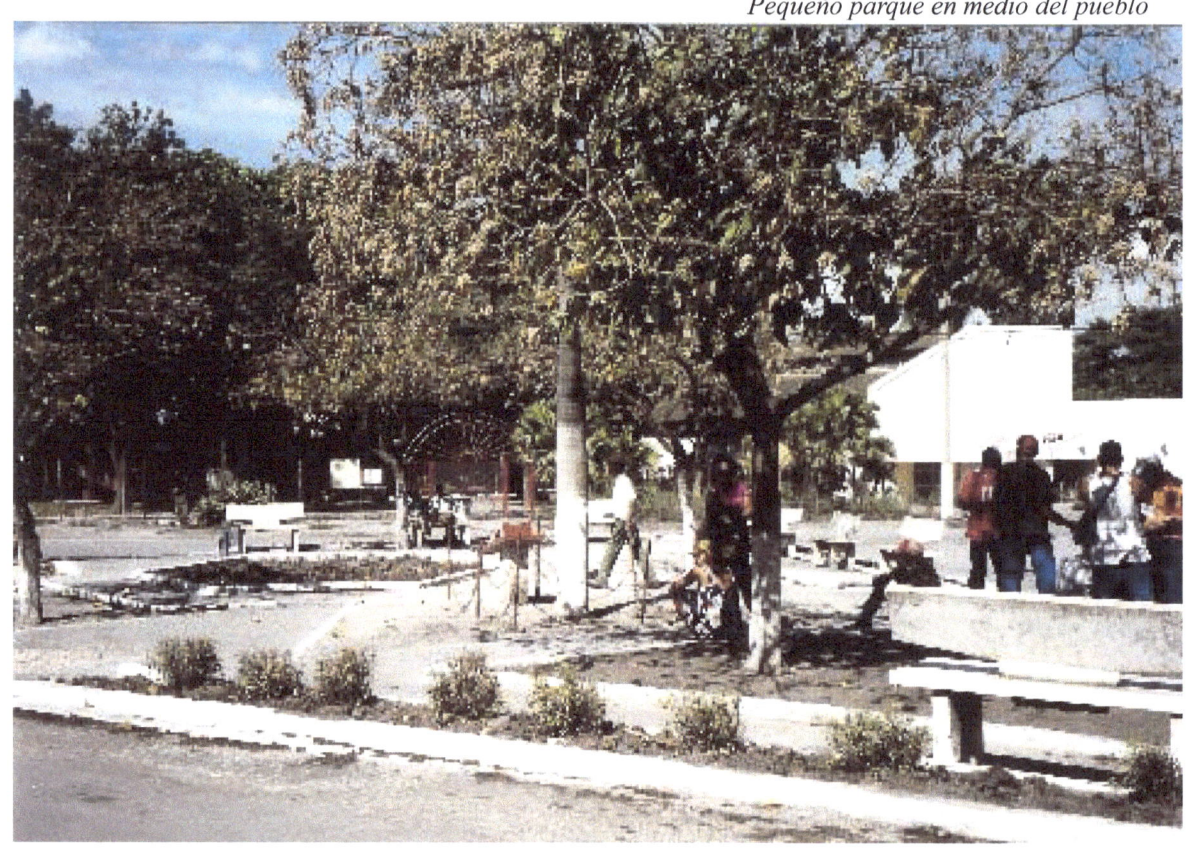

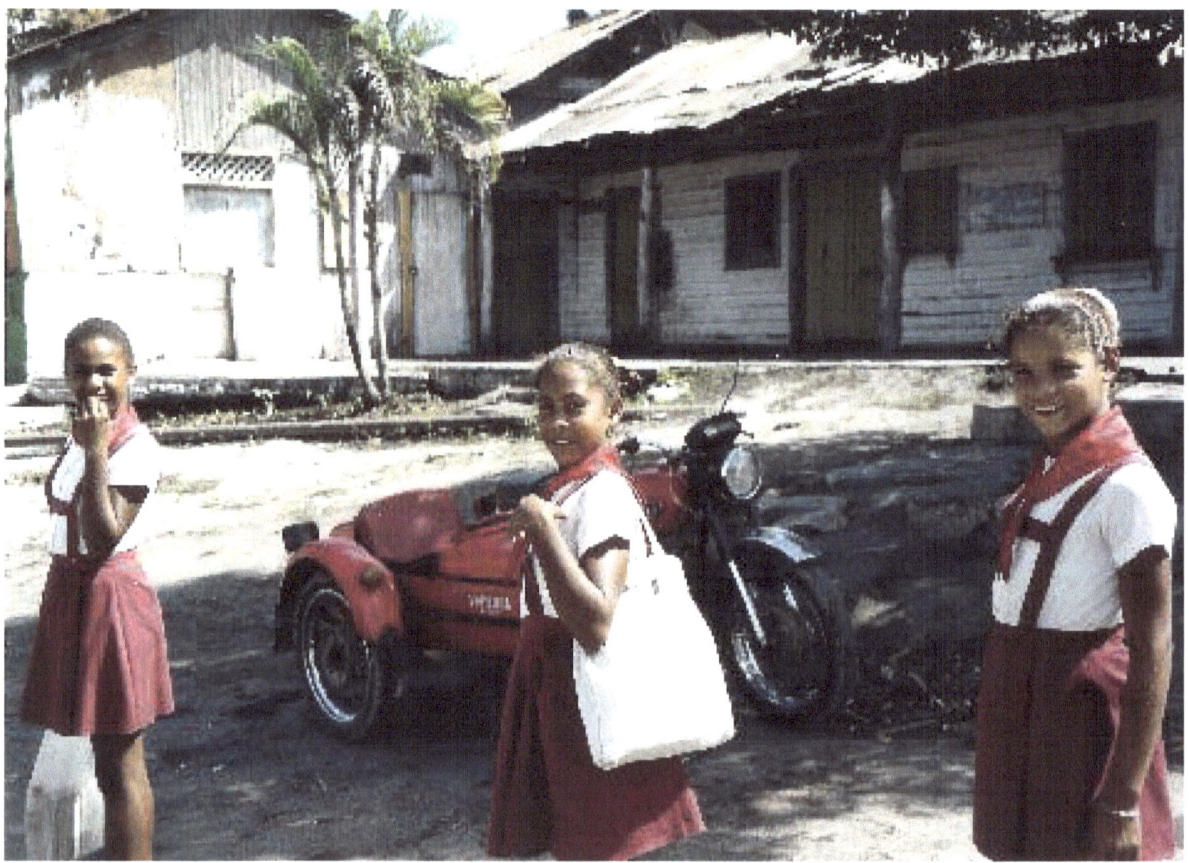

Escolares frente a los antiguos establos

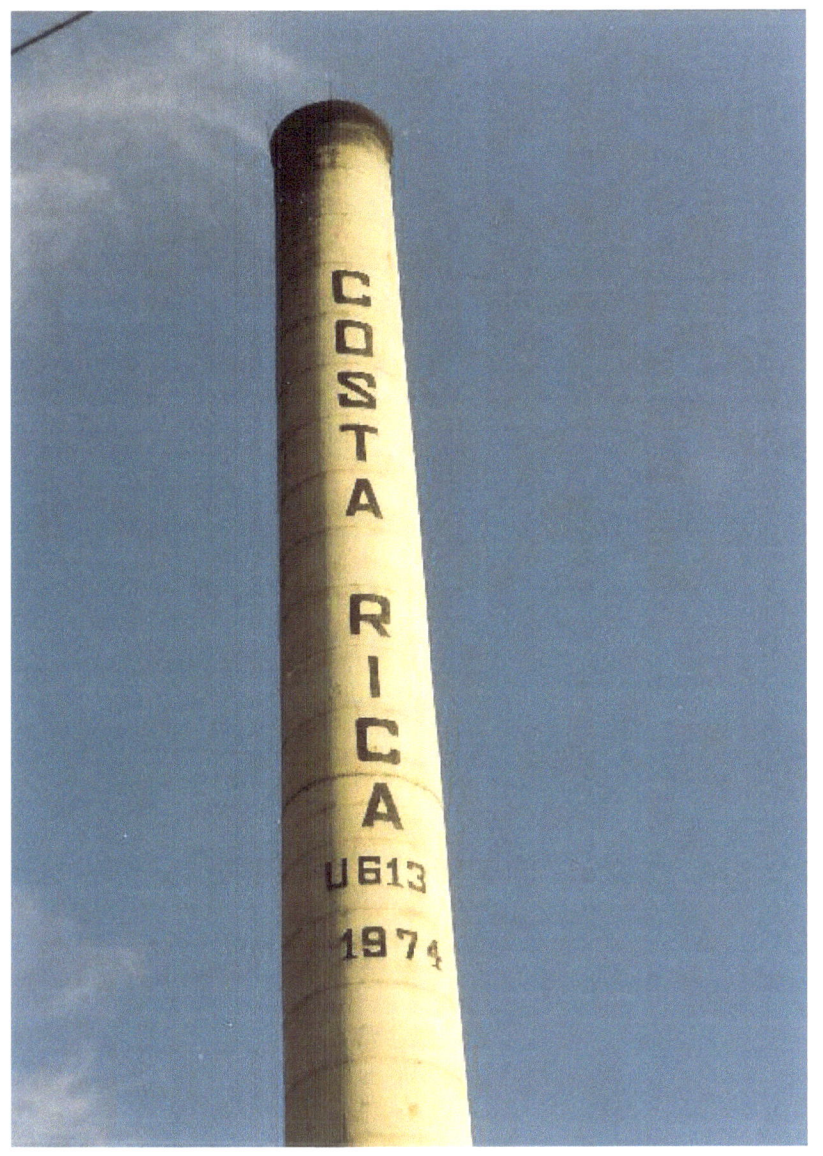

La chimenea humeante del central.
Todavía Ermita (rebautizado
"Costa Rica" en 1974) estaba
en plena producción cuando
Mark visitó el central en 1999.

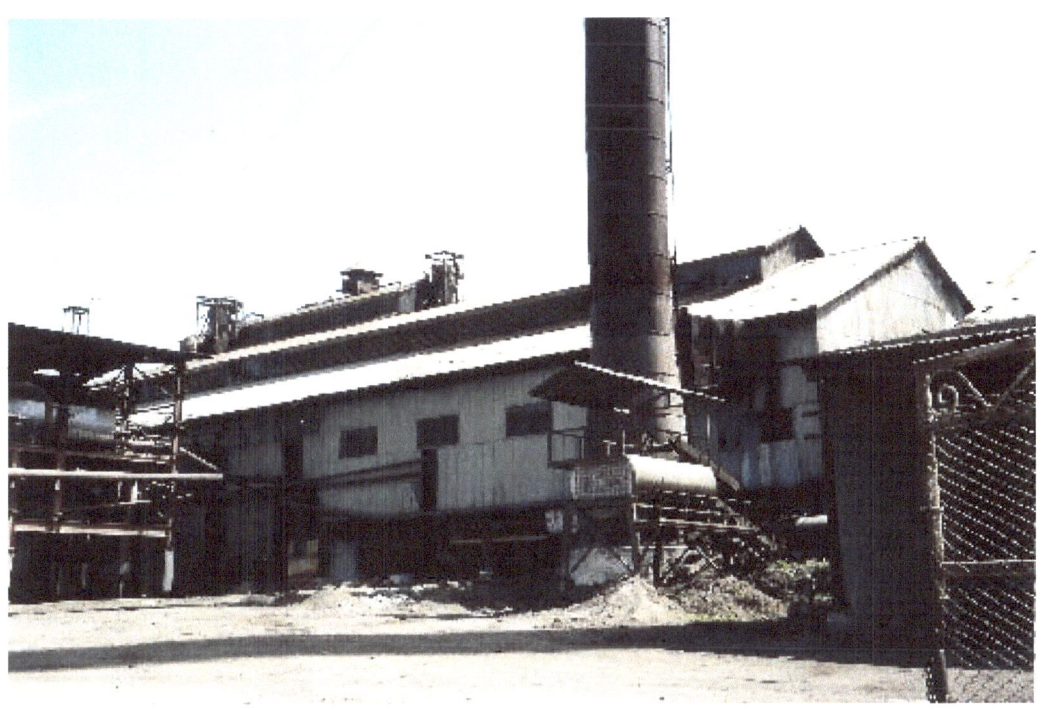

El central

35

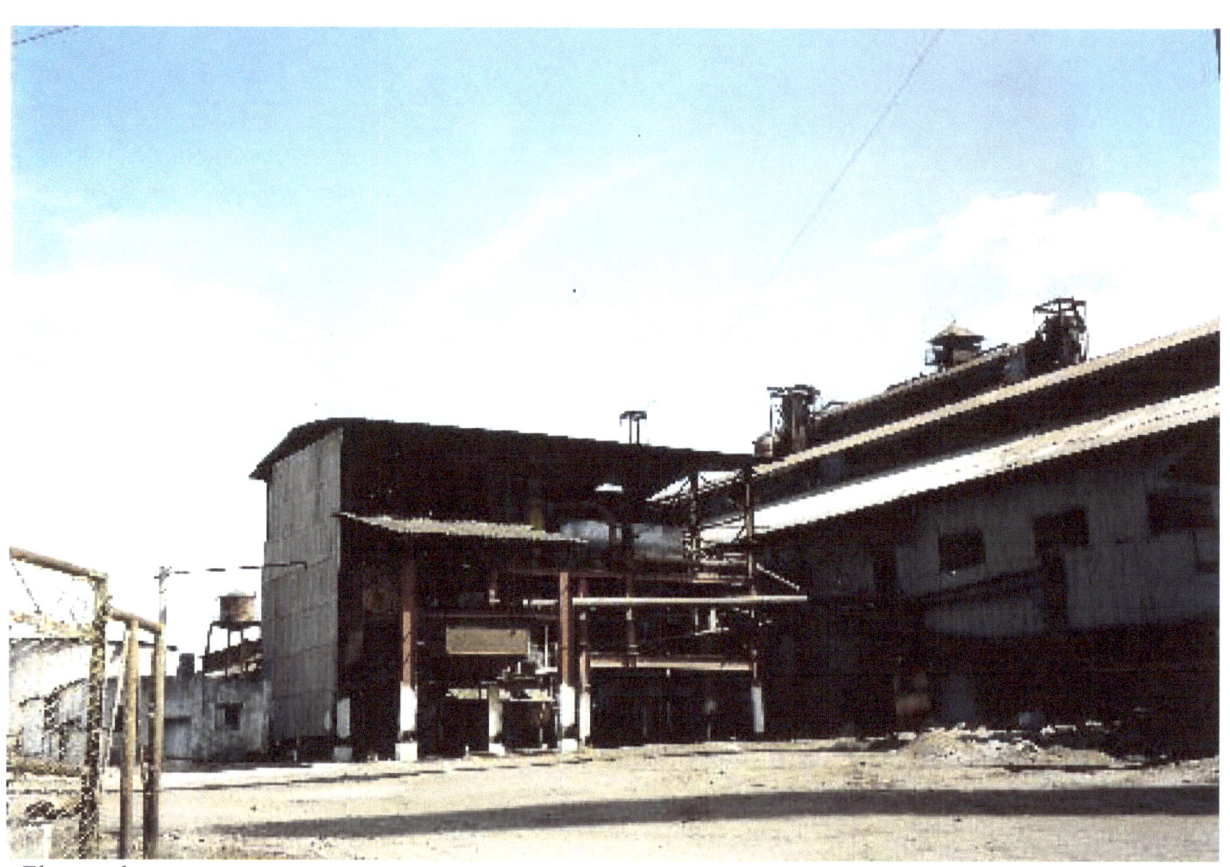

El central

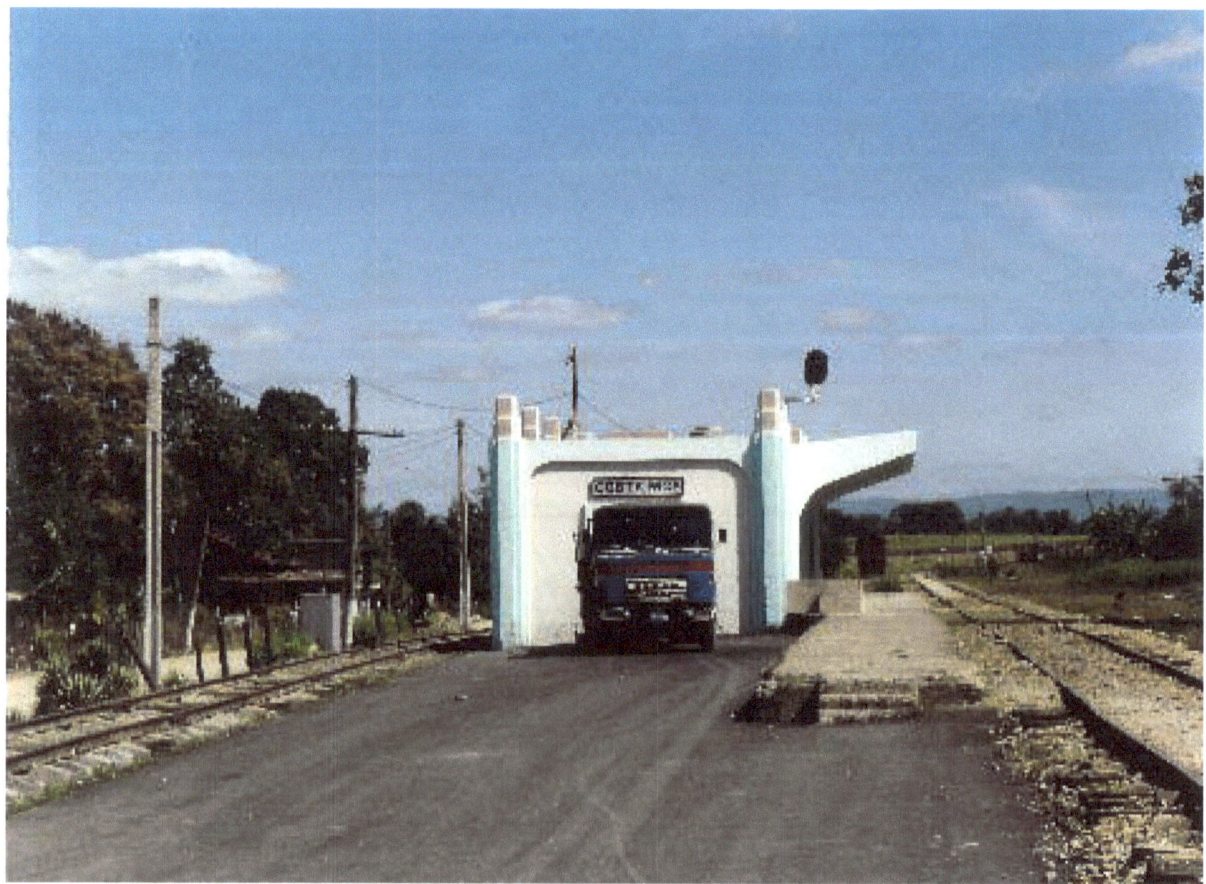

Estación del tren. Hugo Mujica señala que Davisito Cuza (sobrino de Sanso Cuza) vivía en la casa de atrás

Jose Fournier

ERMITA

Fotos de una visita no anunciada

(Julio 2013)

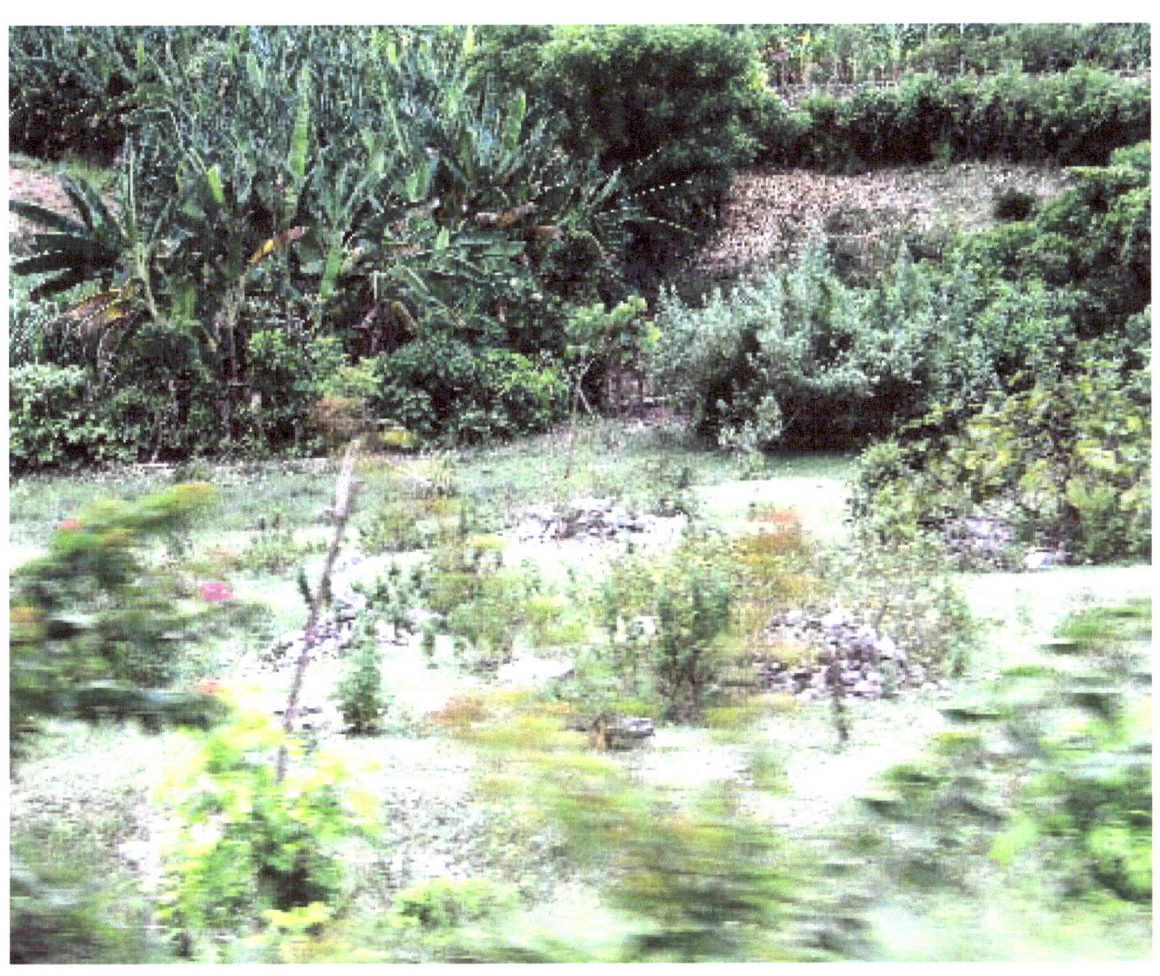

Todas las fotos de esta sección son de Jose Fournier

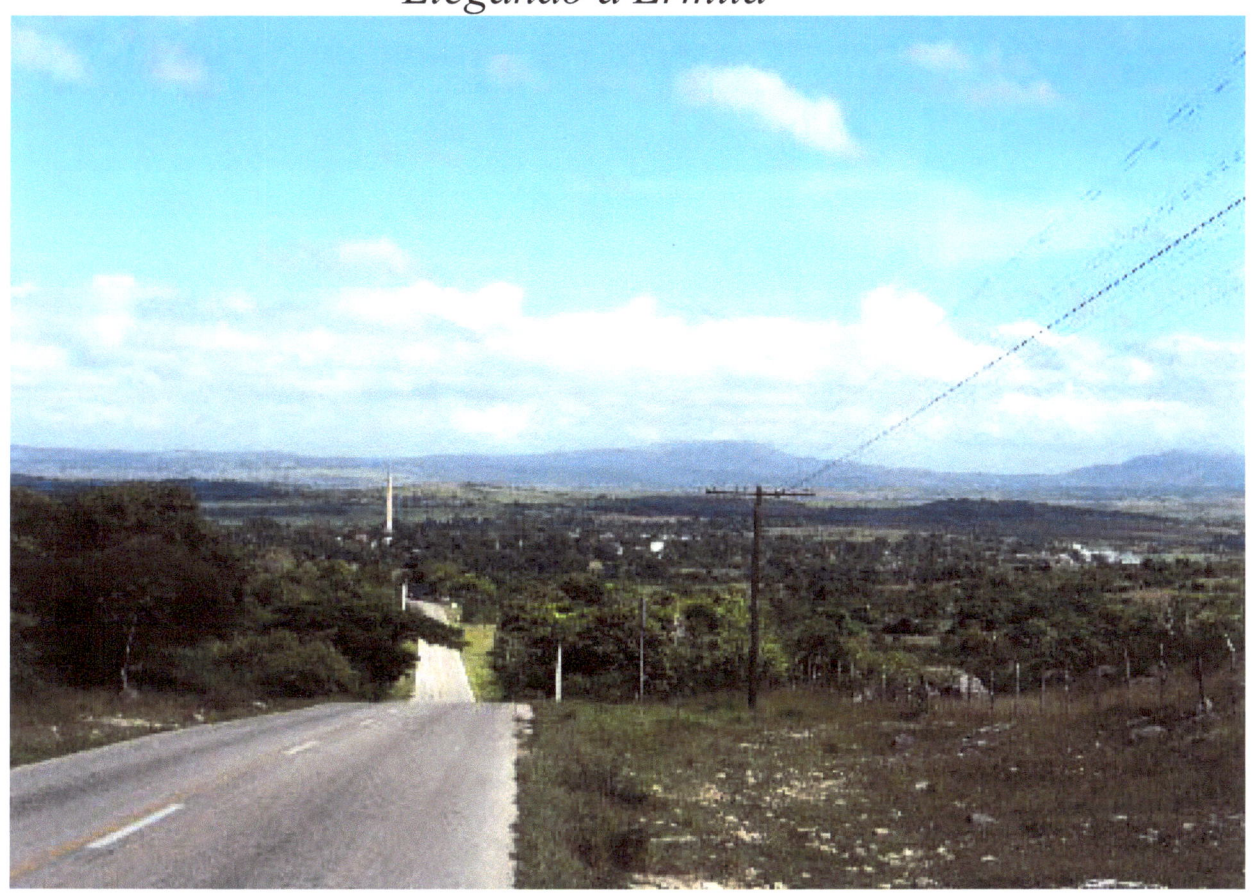

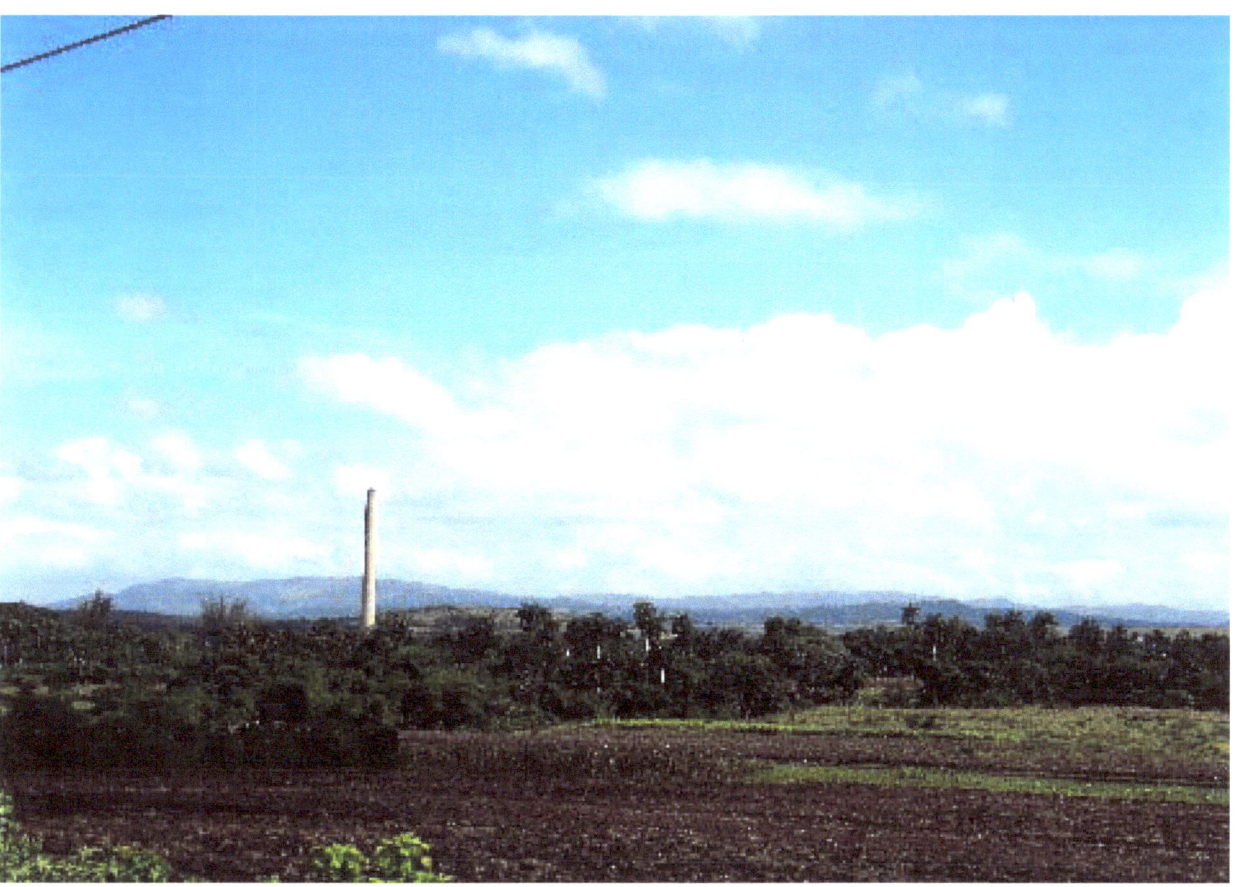

La chimenea del central Ermita, en la lejanía, ahora apagada para siempre

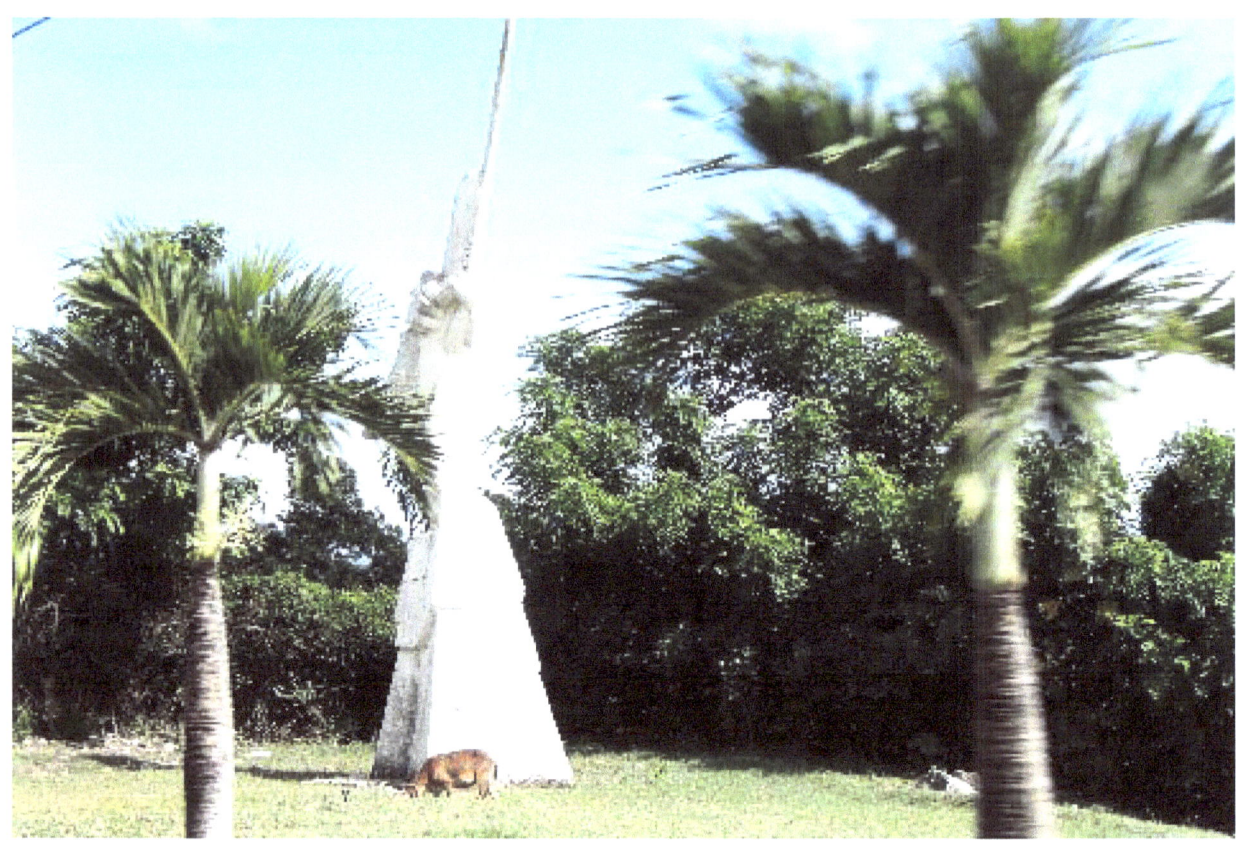

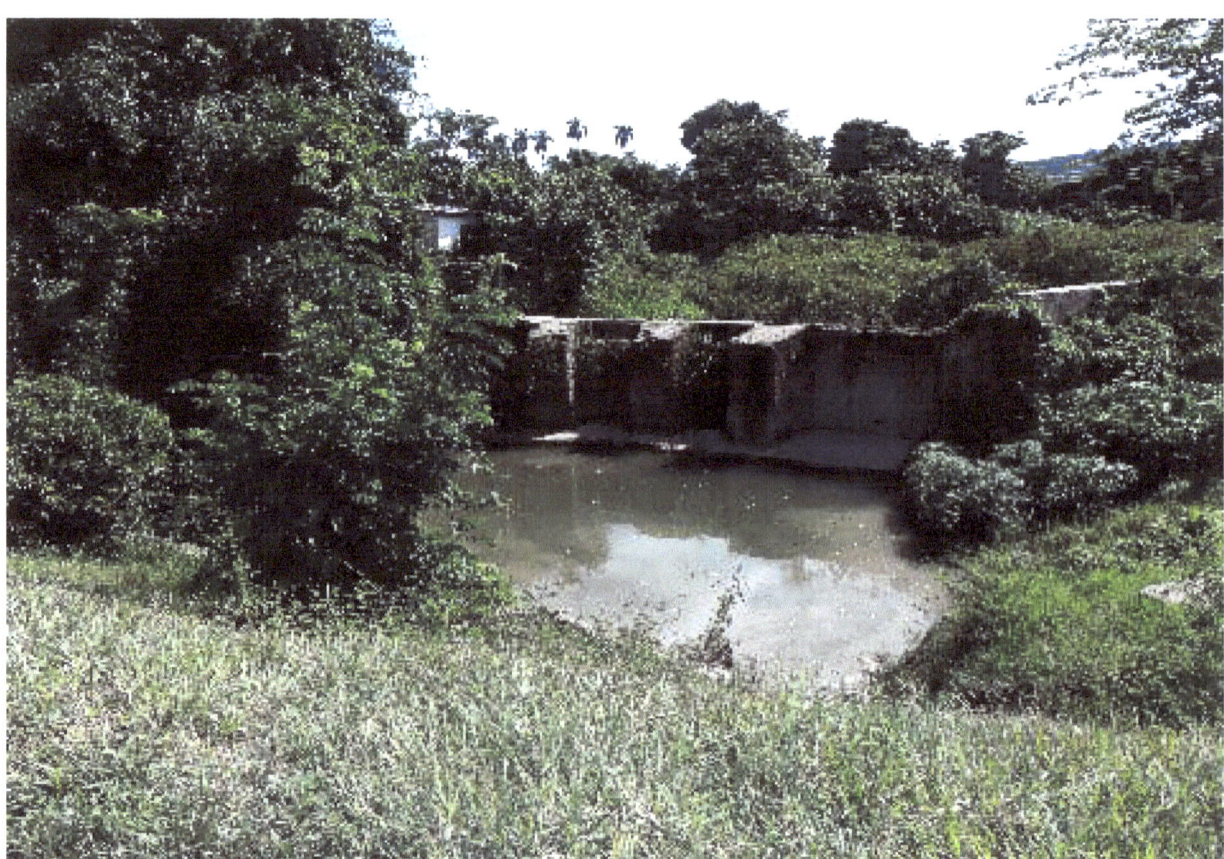

Esto dicen fue un río muy caudaloso

La ermita o pequeña iglesia, que no existía en los años 50

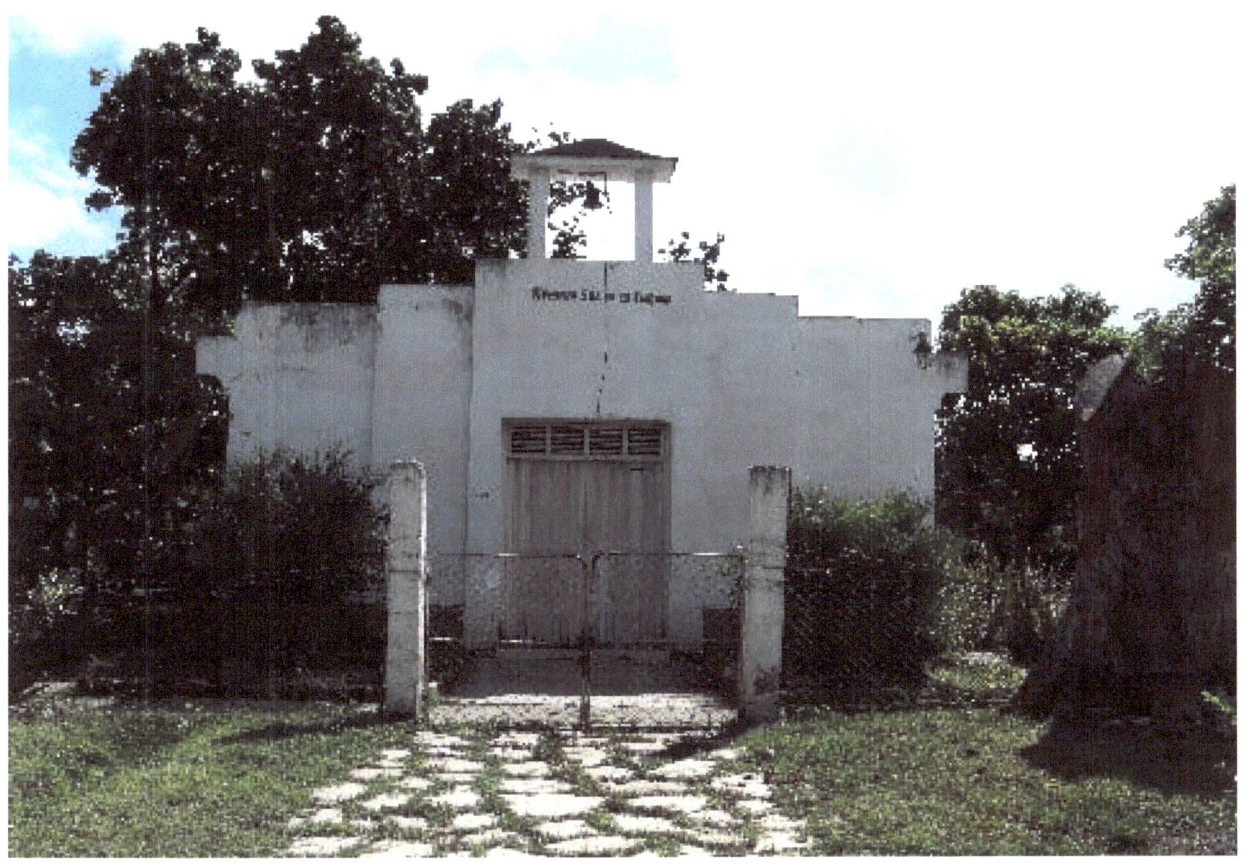

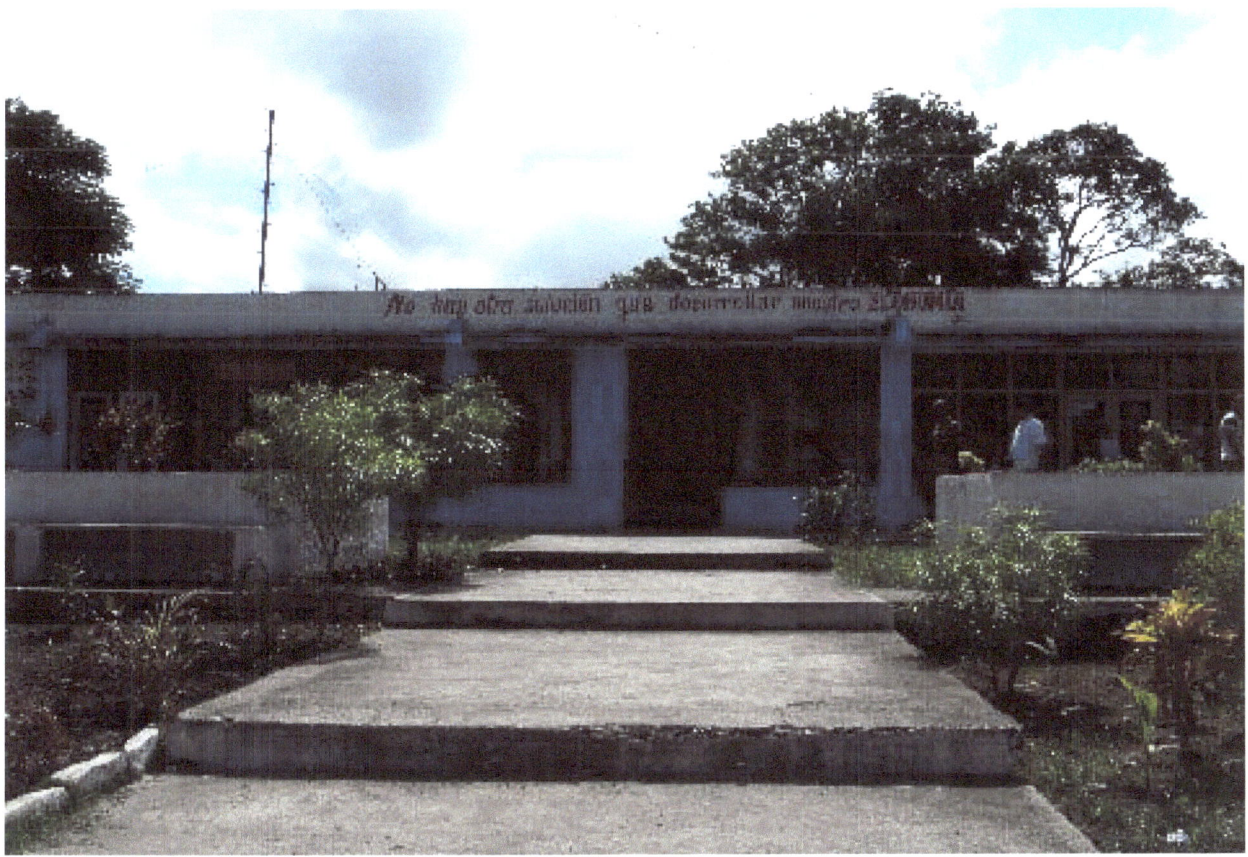

Tienda donde hay una 'shopping' que vende en divisas

Pequeña píscina para los niños, fabricada en los últimos años

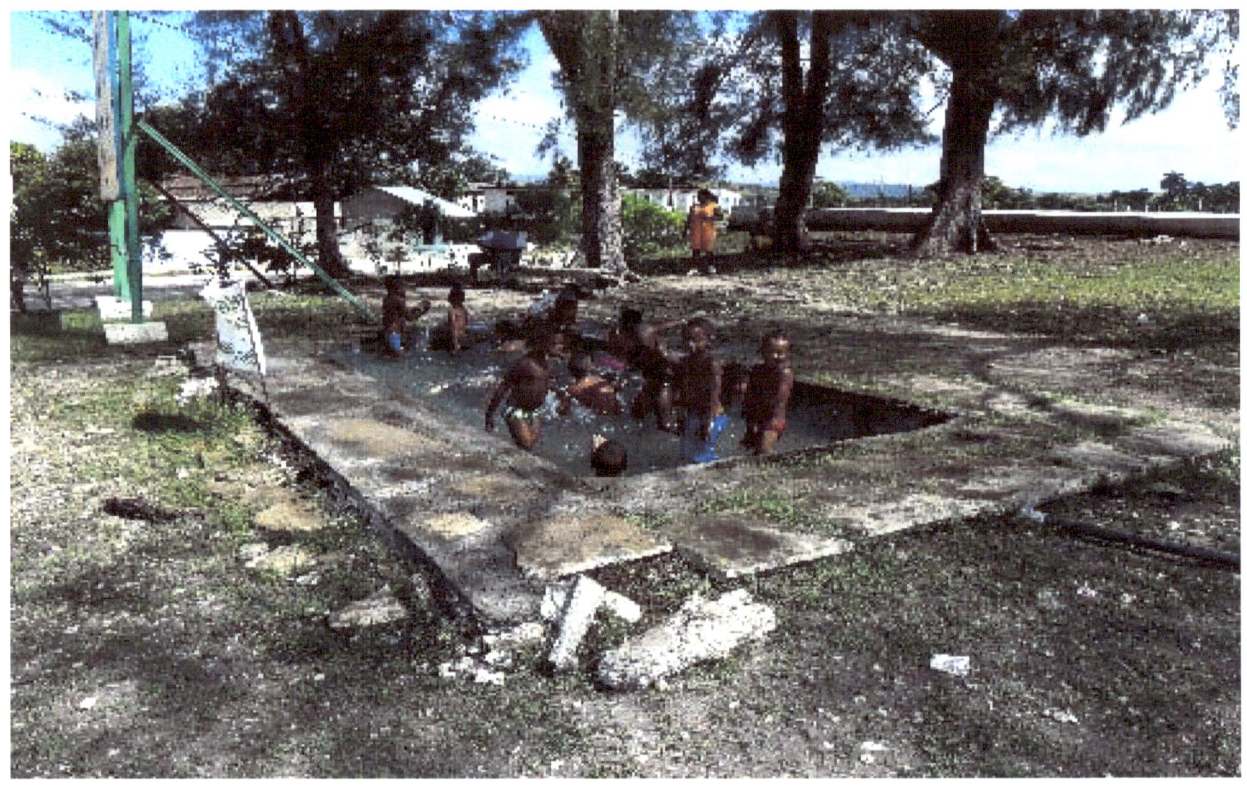

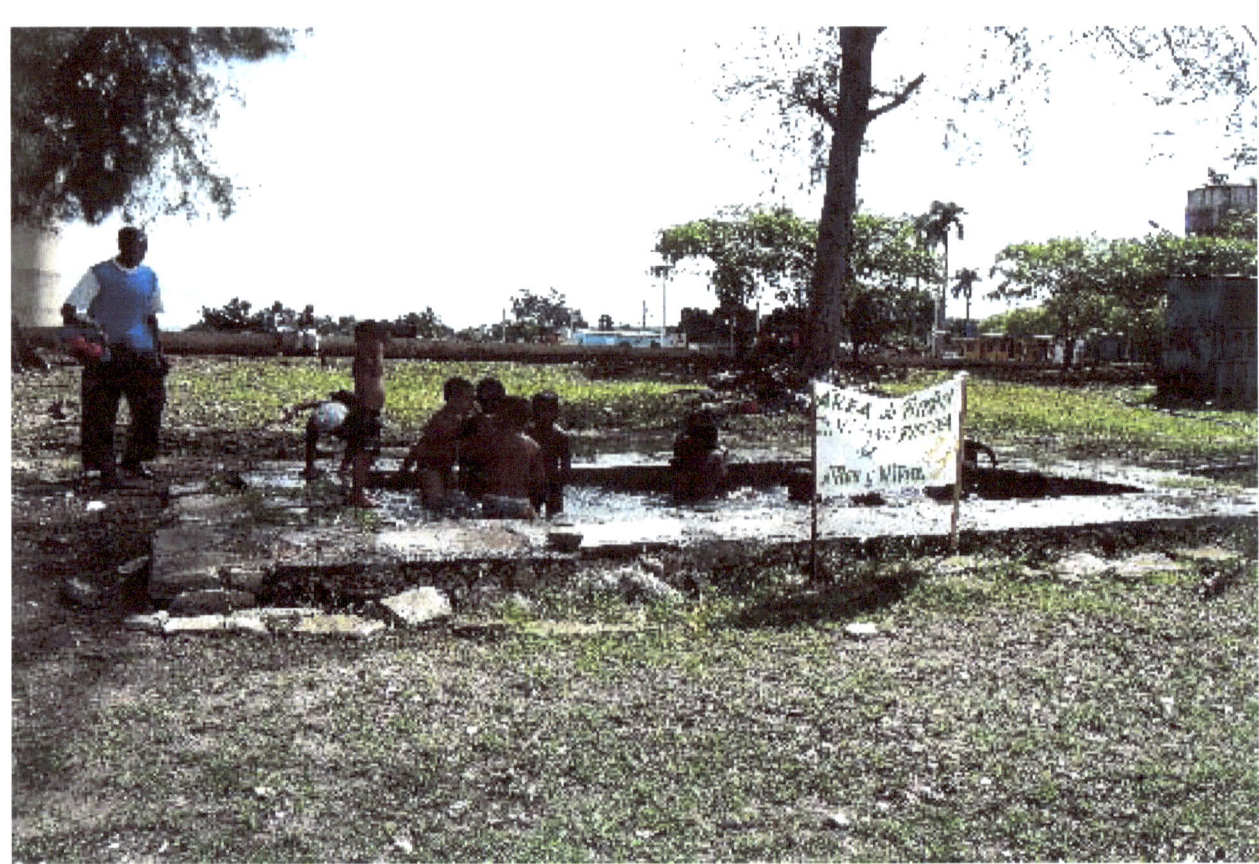

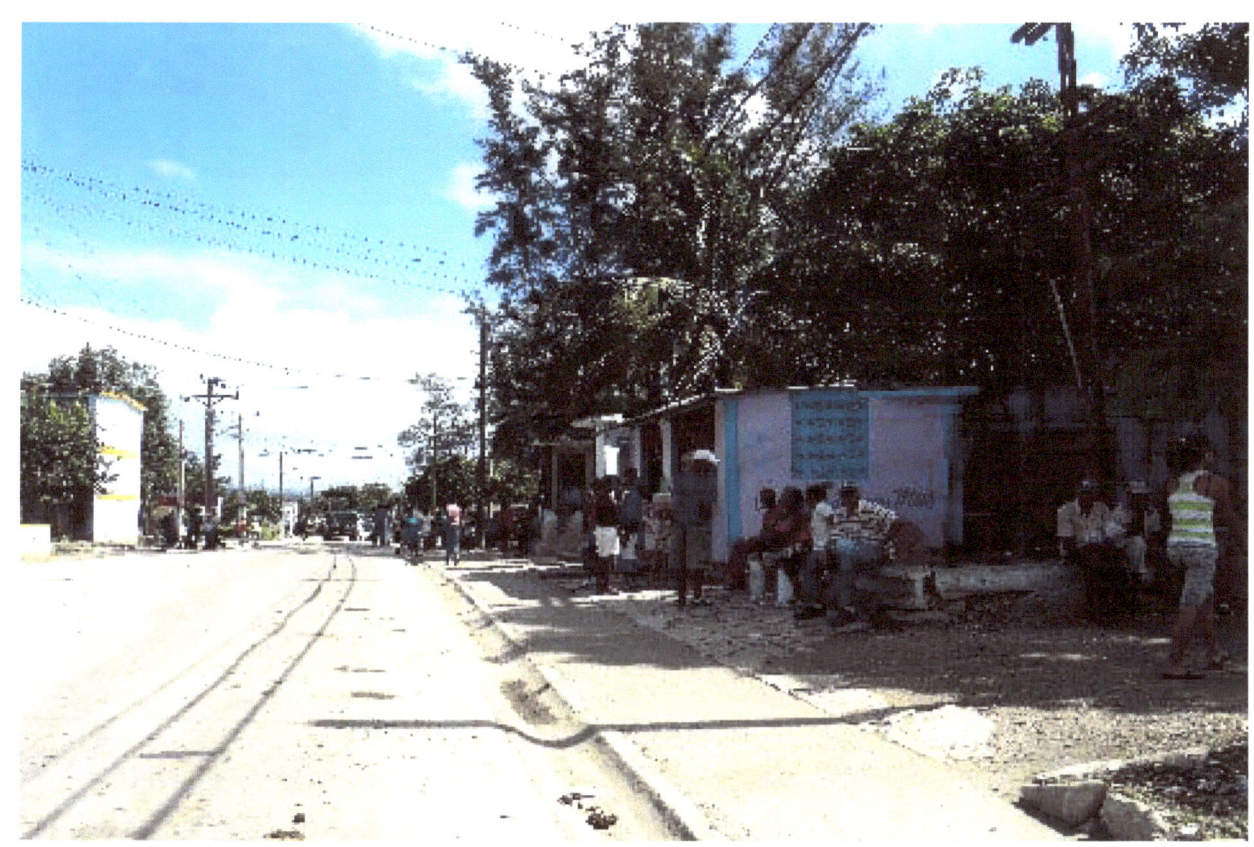

La calle principal

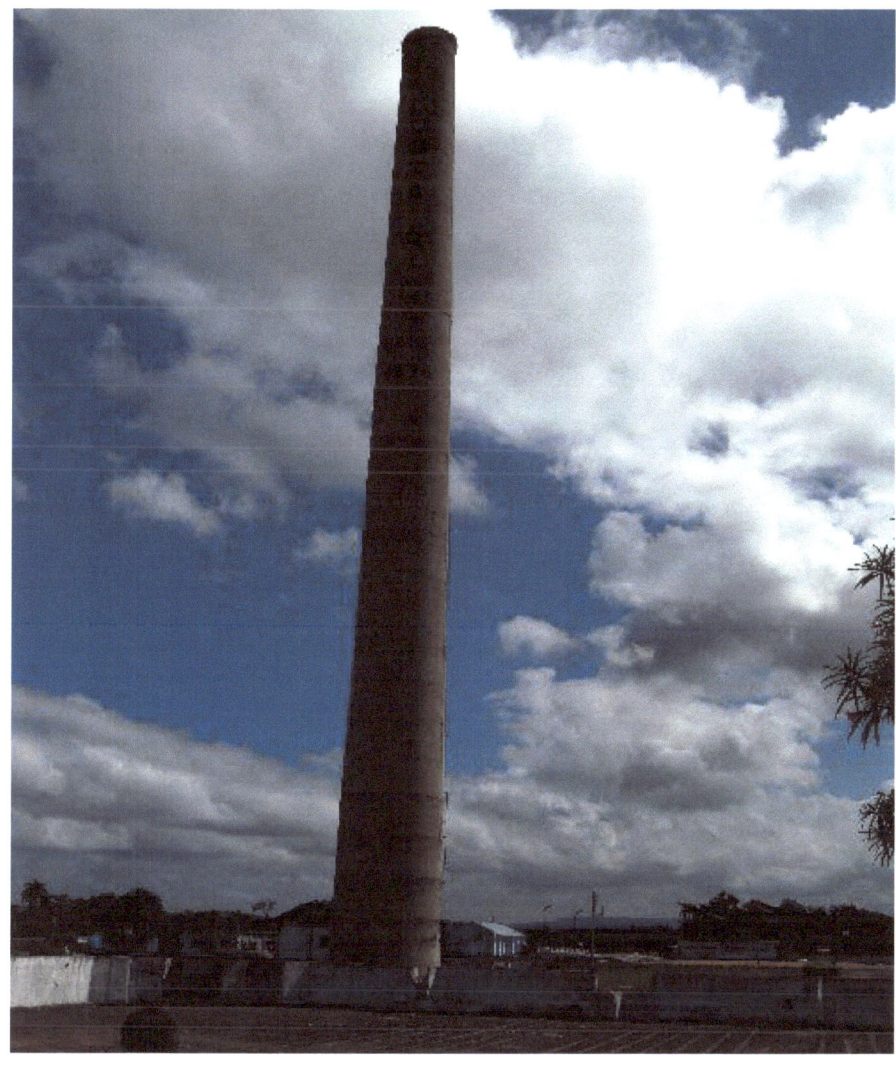

*La única chimenea que
sobrevive del central Ermita,
apagada ahora*

45

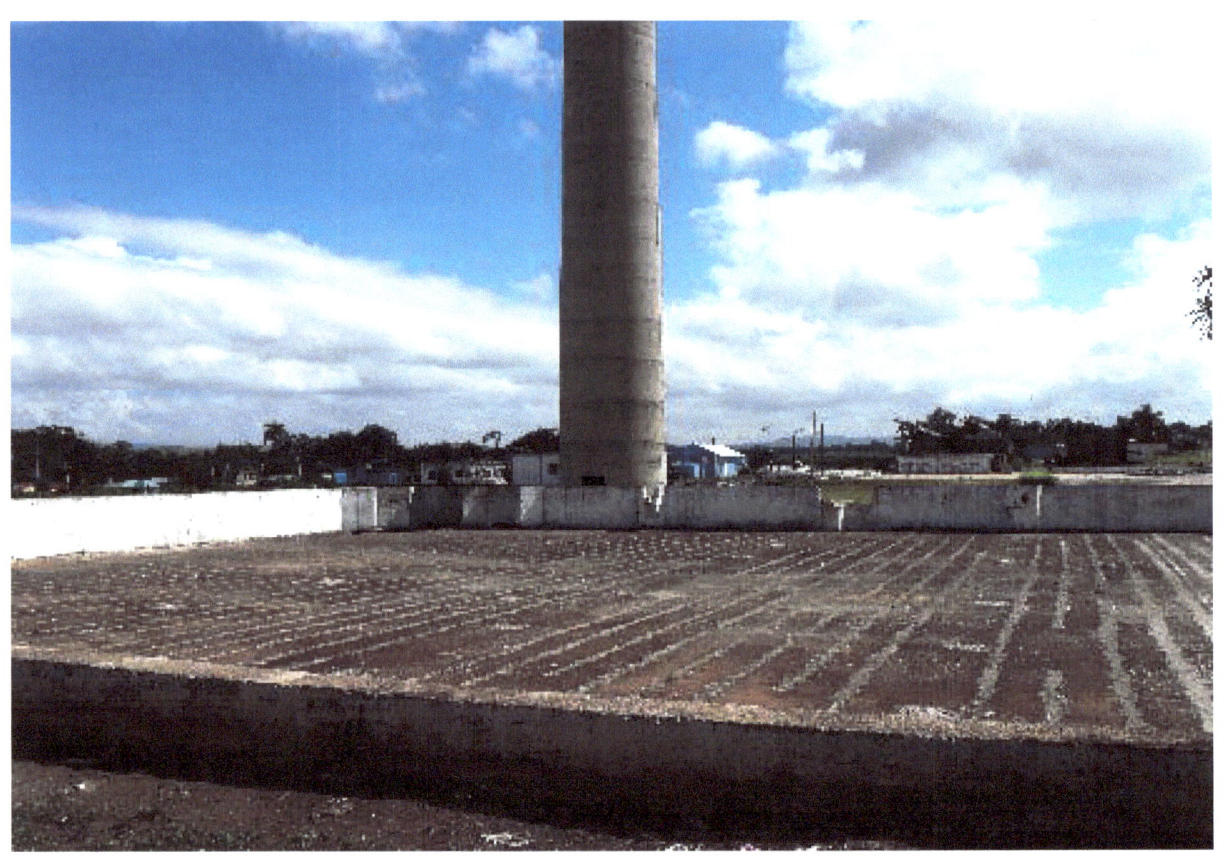

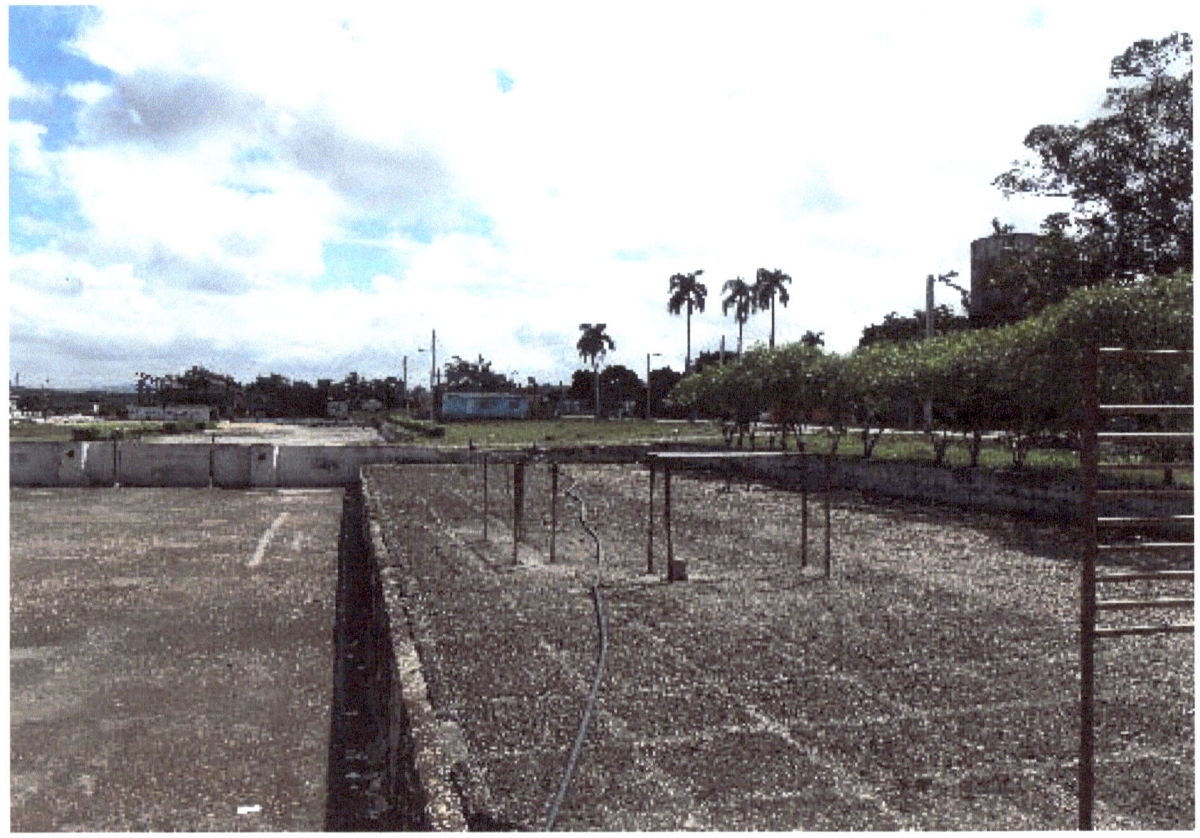

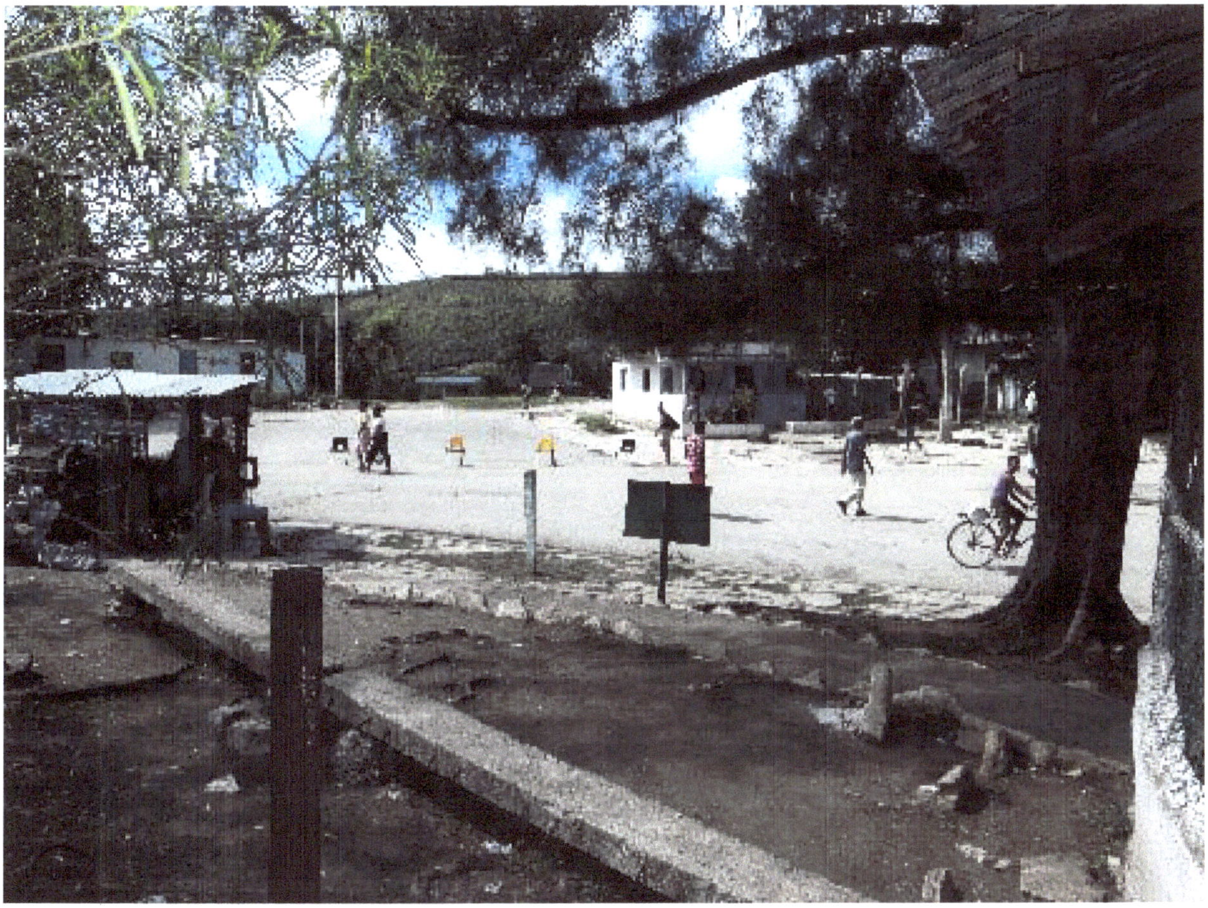

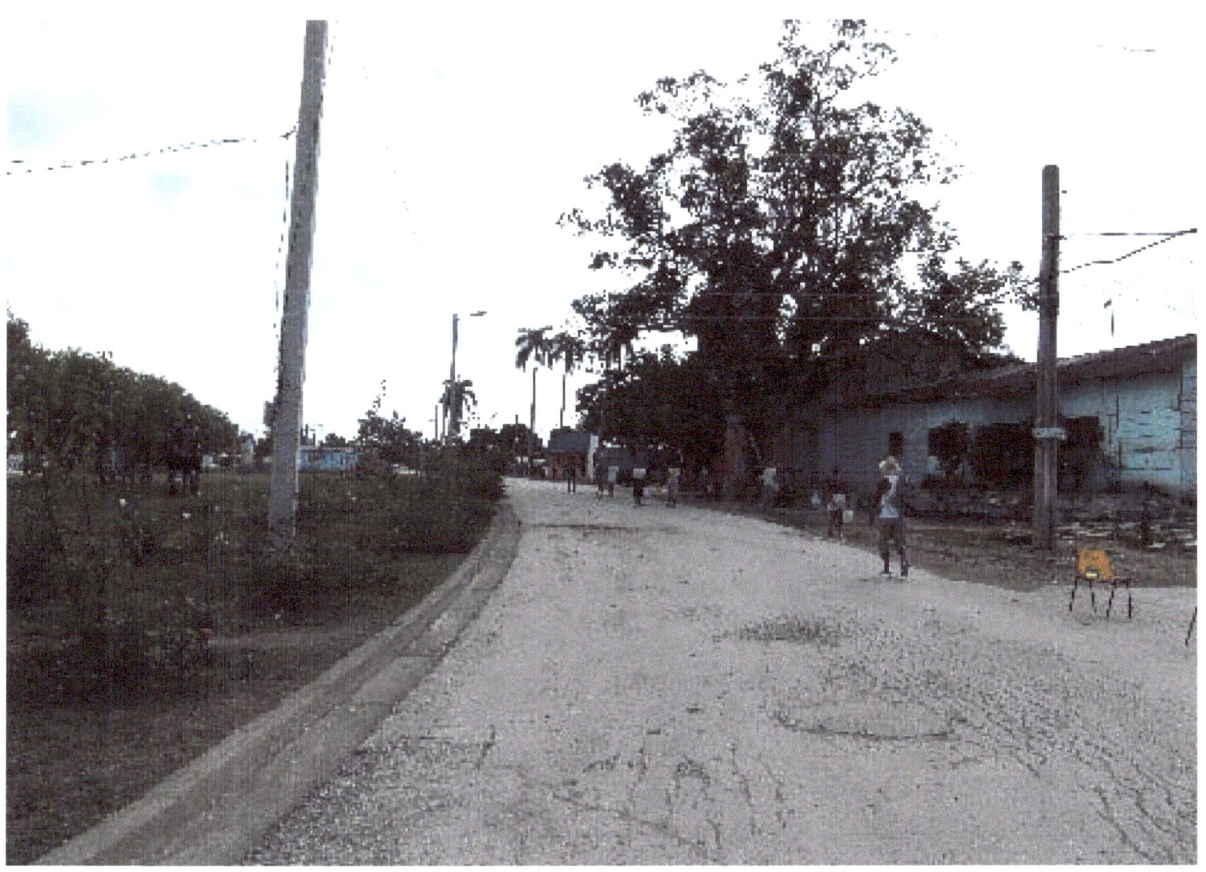

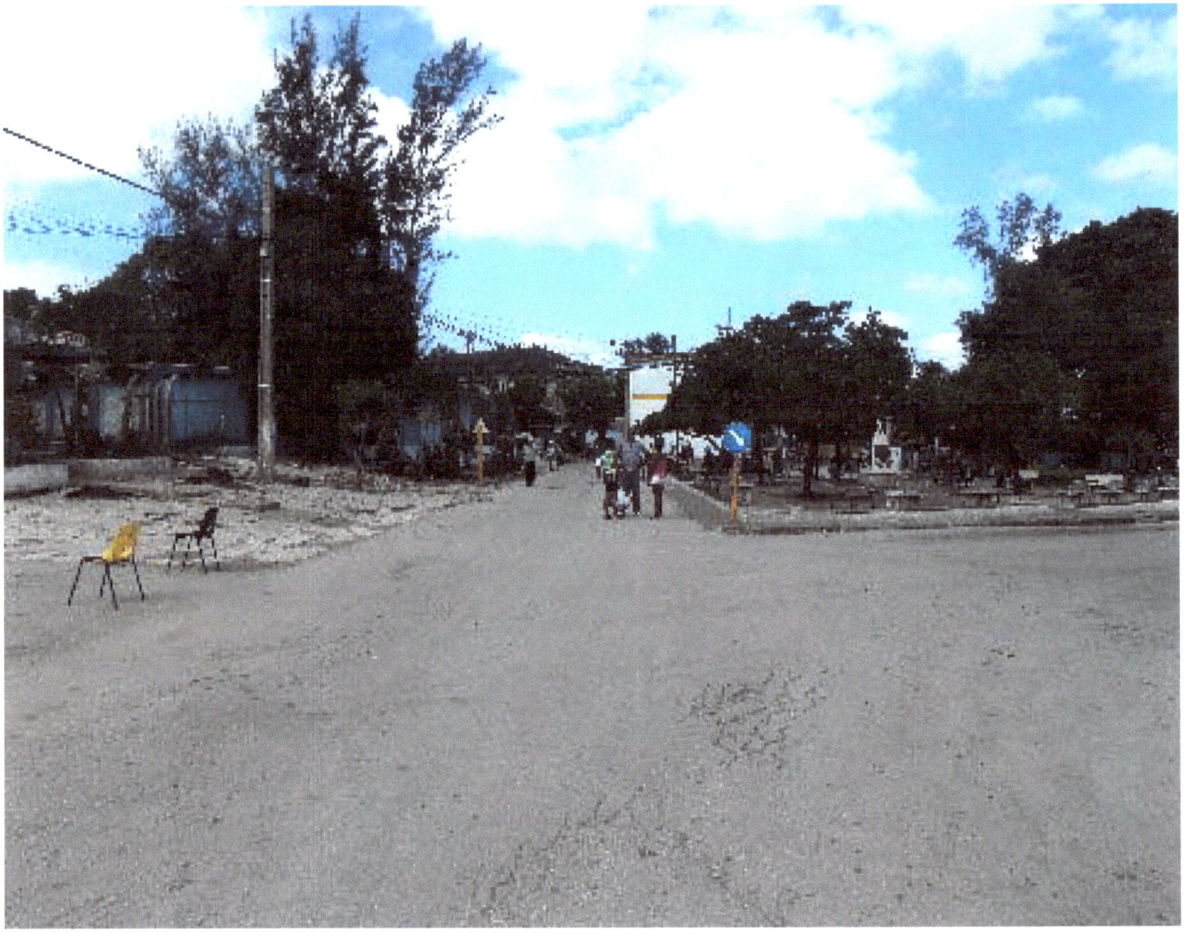

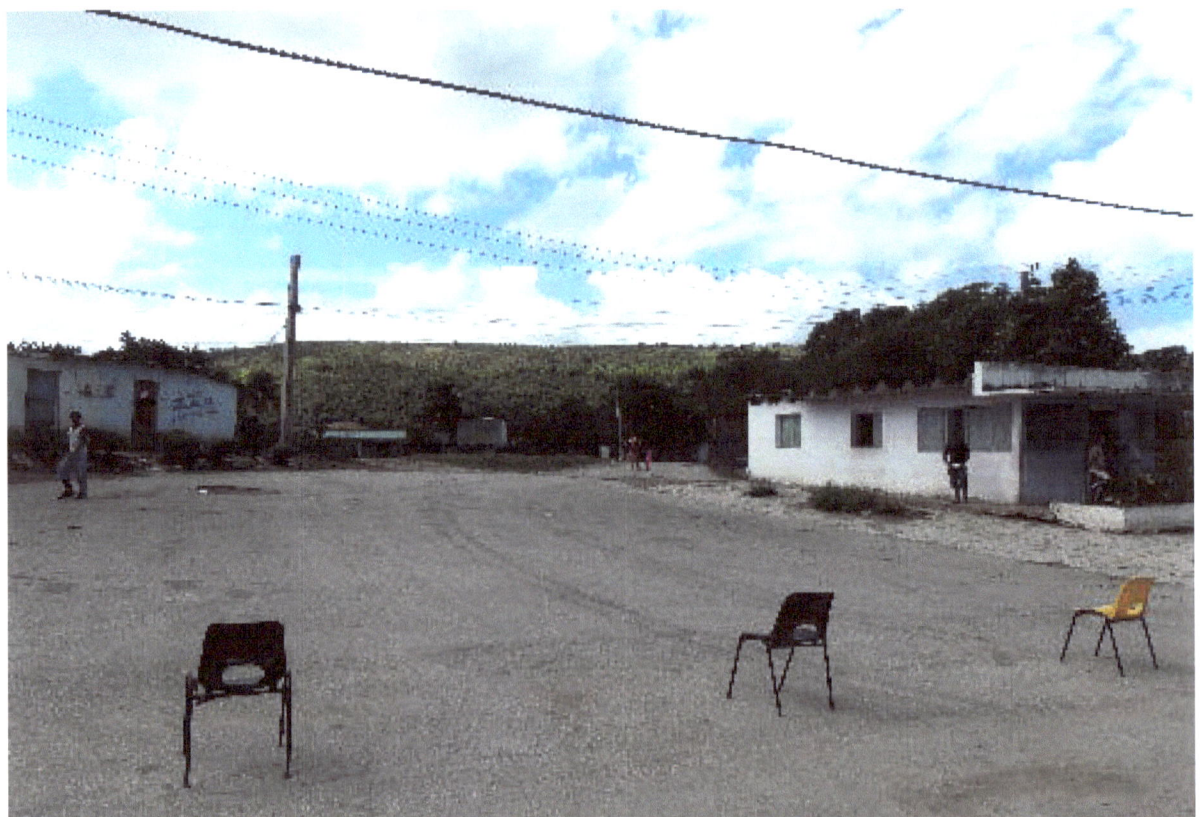

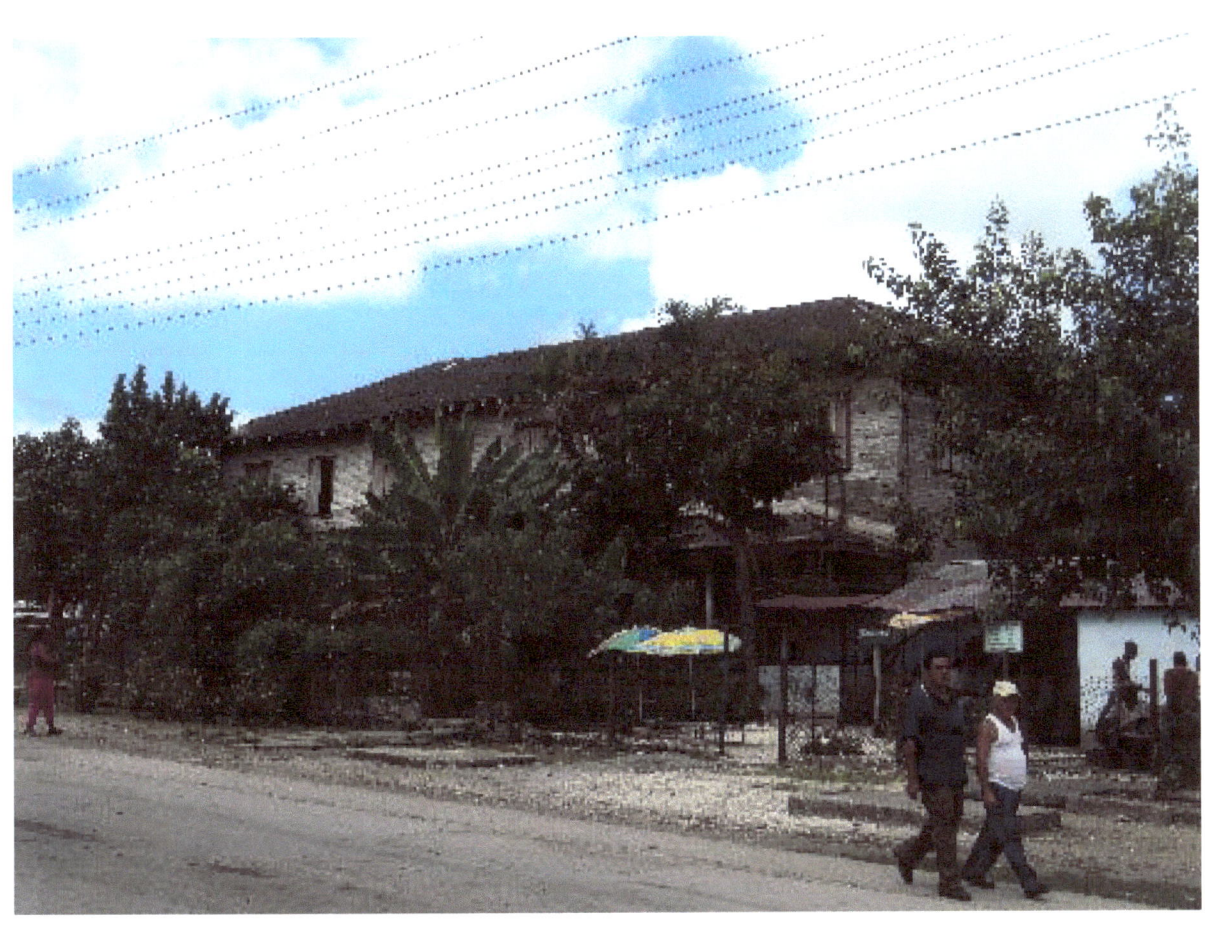

UN GUÍA INESPERADO: VÁZQUEZ, EL CARNICERO

Al igual que Mark, Jose no había estado nunca antes en Ermita, de modo que necesitaba orientarse y preguntar por la casa de Sanso Cuza a las personas que encontraba. Antes de viajar a Cuba, yo le había hecho una lista con las cosas que necesitaba saber para reconstruir en mi memoria mis visitas a la casa de mis abuelos. La casa original de Sanso y Manuela no era ésta que vemos en las fotos, sino una de madera, muy vieja, y edificada sobre horcones para evitar el comején, según era habitual en Ermita.

Por suerte, apareció Rafael Vázquez, el antiguo carnicero, que según dijo recordaba a los Mujica y sabía dónde estaba la casa de Sanso Cuza. Amablemente guió a Jose hasta allá, quien tras pedirle permiso a los nuevos moradores, pudo tomar estas fotos.

La casa está habitada hoy por una señora mayor --que no se encontraba al momento de la visita de Jose--, un niño adoptado por la actual dueña, y un perro.

Rafael Vázquez

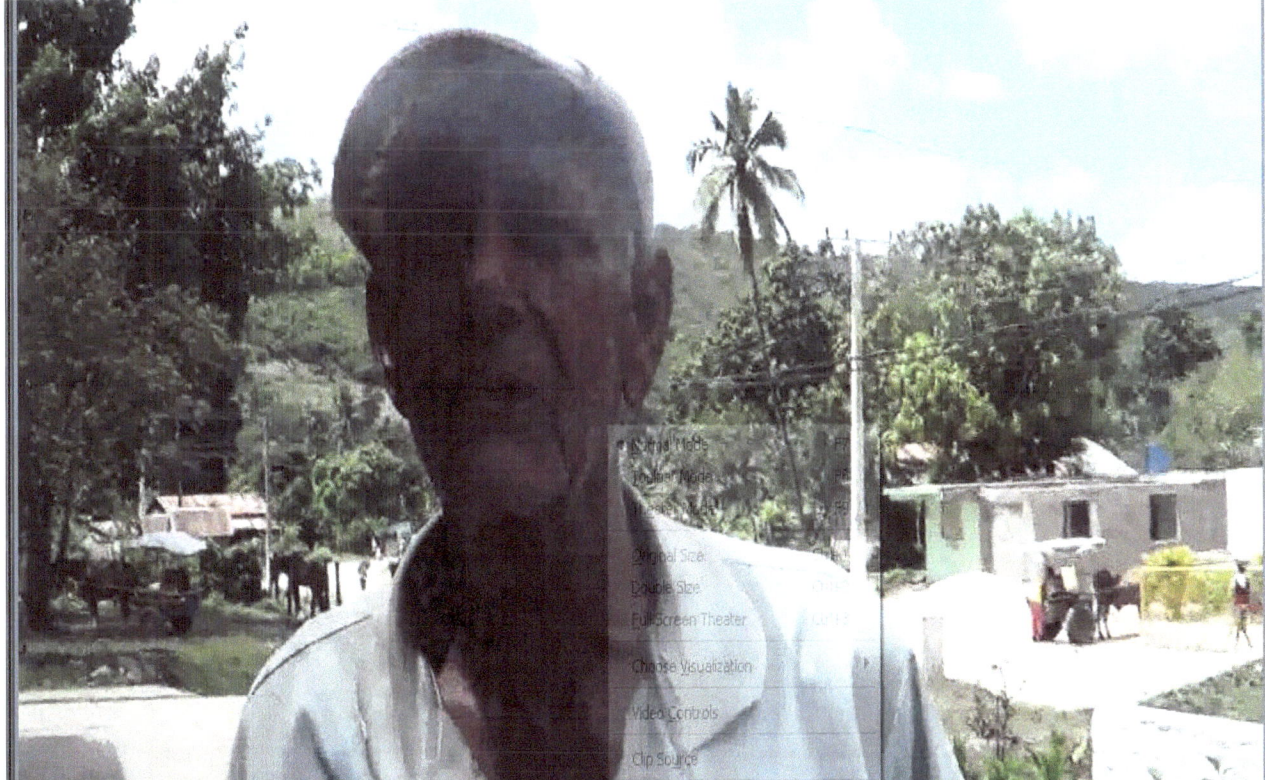

LAS CASAS, LOS CAMINOS

De su visita a Ermita, Jose trajo algunos pequeños videos, para que yo tuviera una visión más completa del poblado. Estaban esos del patio de la casa de Sanso Cuza, ese patio que apenas si recordaba, y que sólo permanecía en mi memoria a través del intenso perfume del limonero que yo sabía junto a la ventana del antiguo comedor.

Pero uno de esos videos iluminó mi mente. De súbito allí estaba la que fuese la casa de mi tío abuelo Dieguito, el hermano de mi abuela, y a donde nos habíamos trasladado ella y yo cuando su salud se agravó y ya no le era posible continuar residiendo en su casa, en proceso entonces de total reconstrucción.

La cámara se movía inquieta, mientras Rafael Vázquez, el carnicero, y guía ahora de Jose, decía a voz en cuello que había olvidado el nombre de la persona que vivía allí. Acompañada por una nube azul transparente, con figura de fantasmita, la luz intensa del trópico alumbró esos días de finales de junio de 1951, y recordé la escena: los hijos de mi tío abuelo sentados en el portal, incluso uno de ellos, quizás Noel, en los escalones, mientras en la lejanía ladraban incesantes los perros, con presagio de muerte, y el olor del jazmín del Cabo cubriéndolo todo con su manto de misterio. No sé si la luna o el sol se conjuraron entonces para que aquella escena me acompañase siempre. Por eso, ante la insistencia de aquella nubecita azul, guiándome también ahora, grité: 'Esa es la casa donde murió mi abuela'.

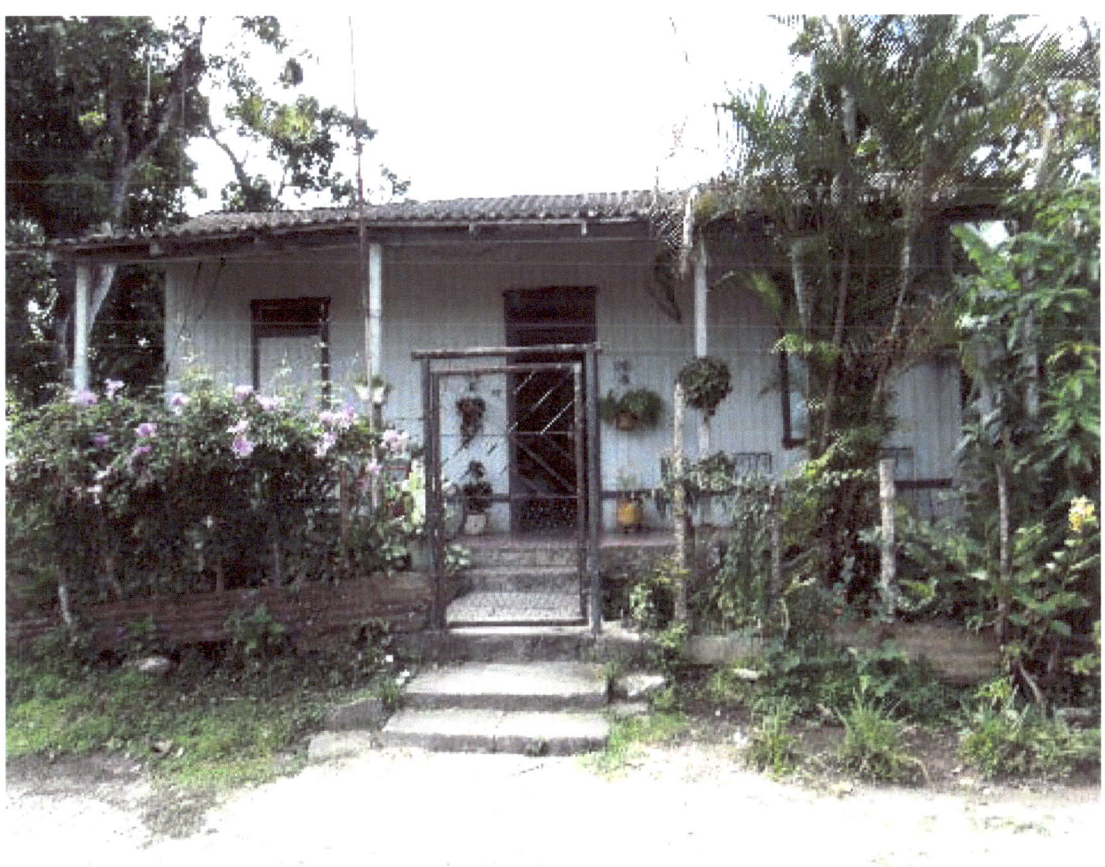

Antigua casa de mi tío Dieguito Pascual, donde falleciera mi abuela, el 4 de julio de 1951.

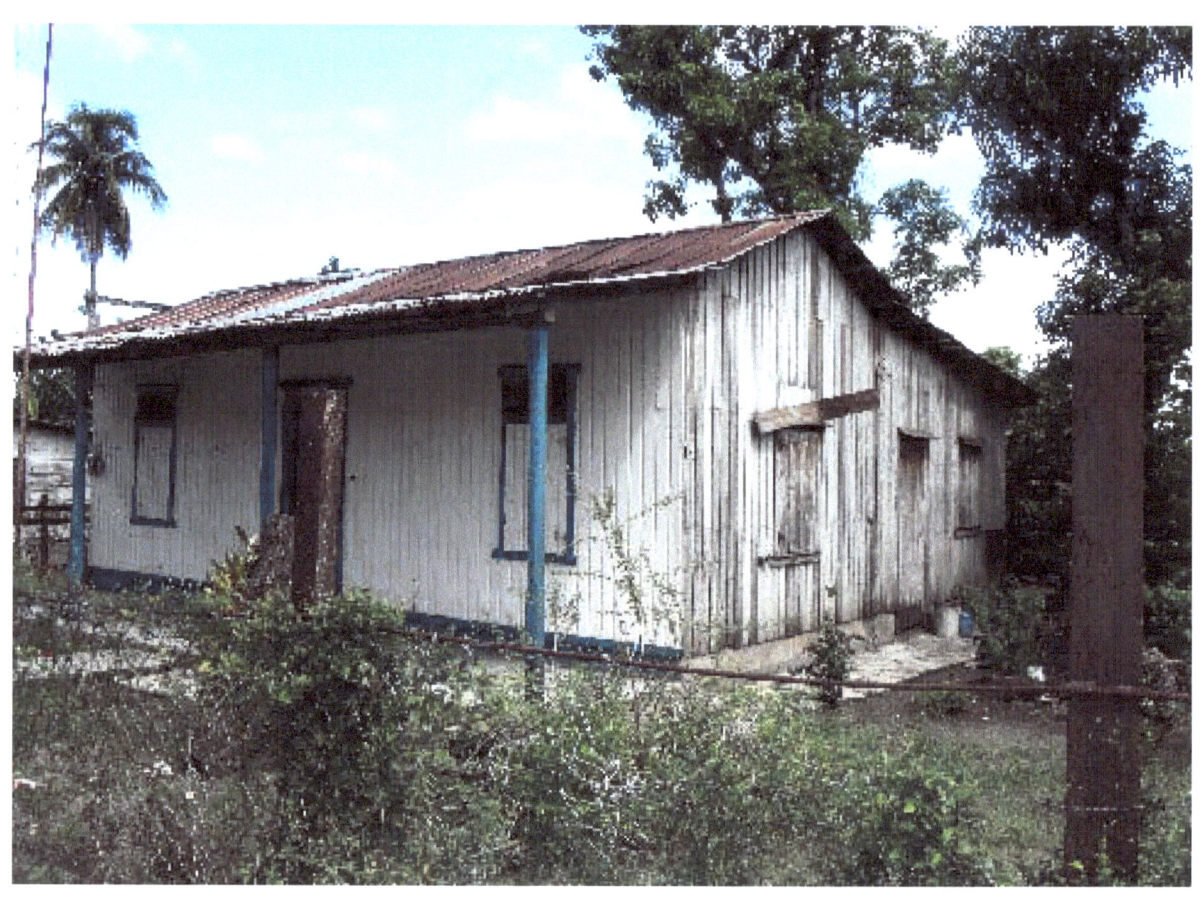

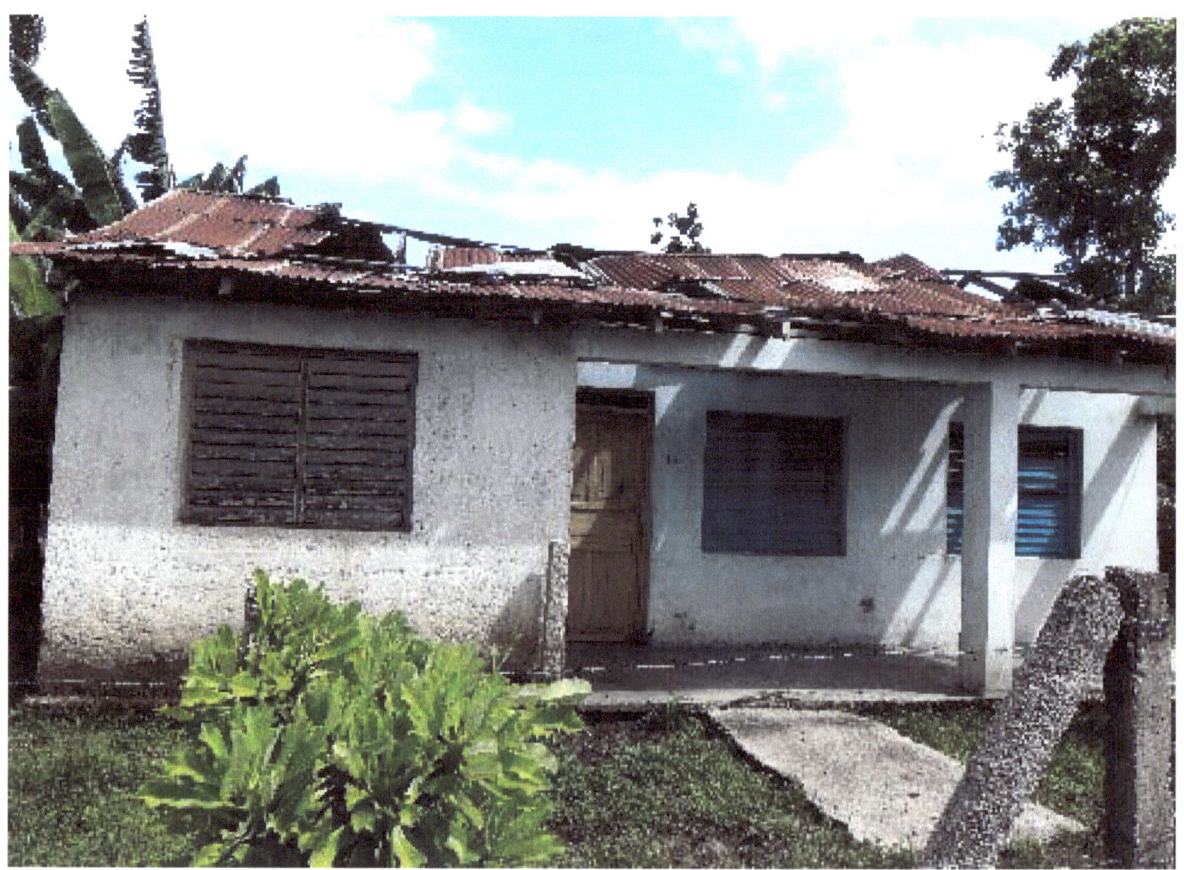

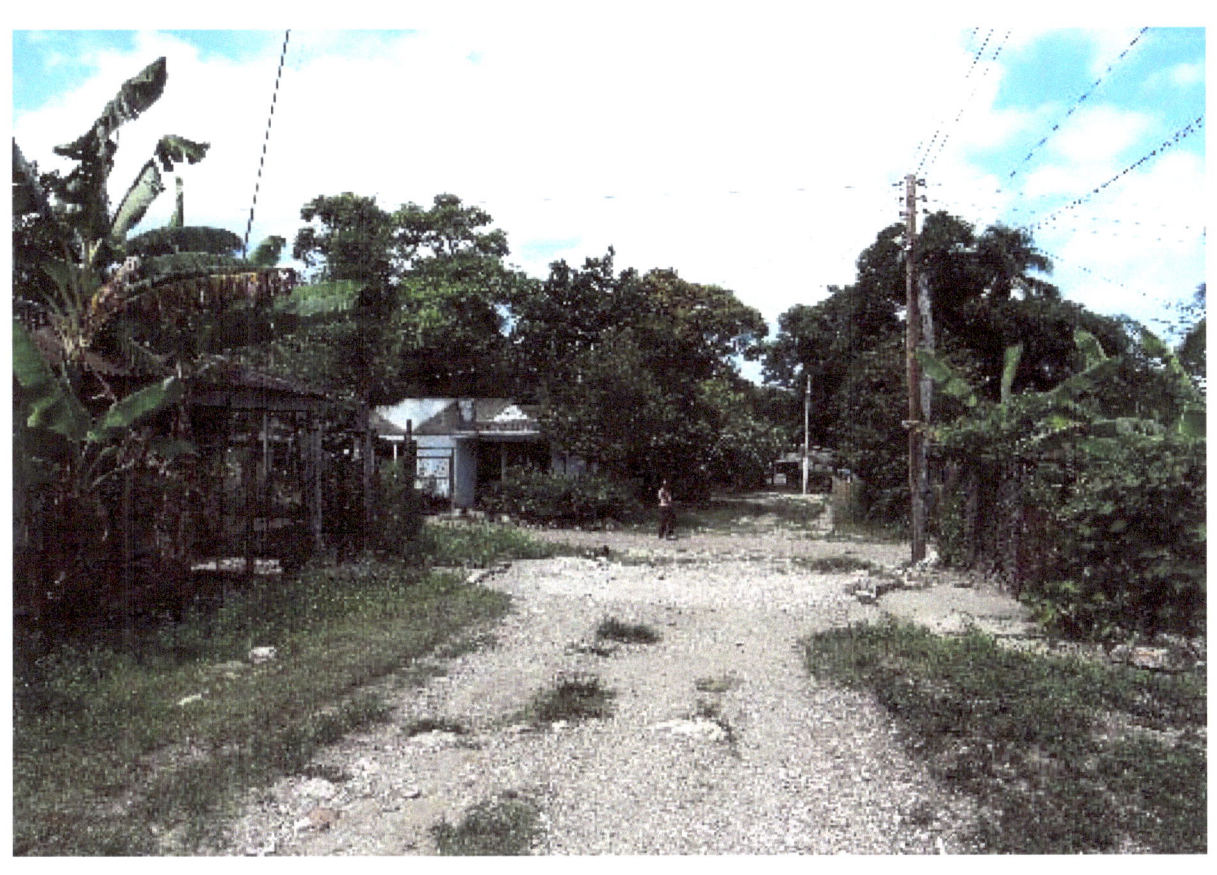

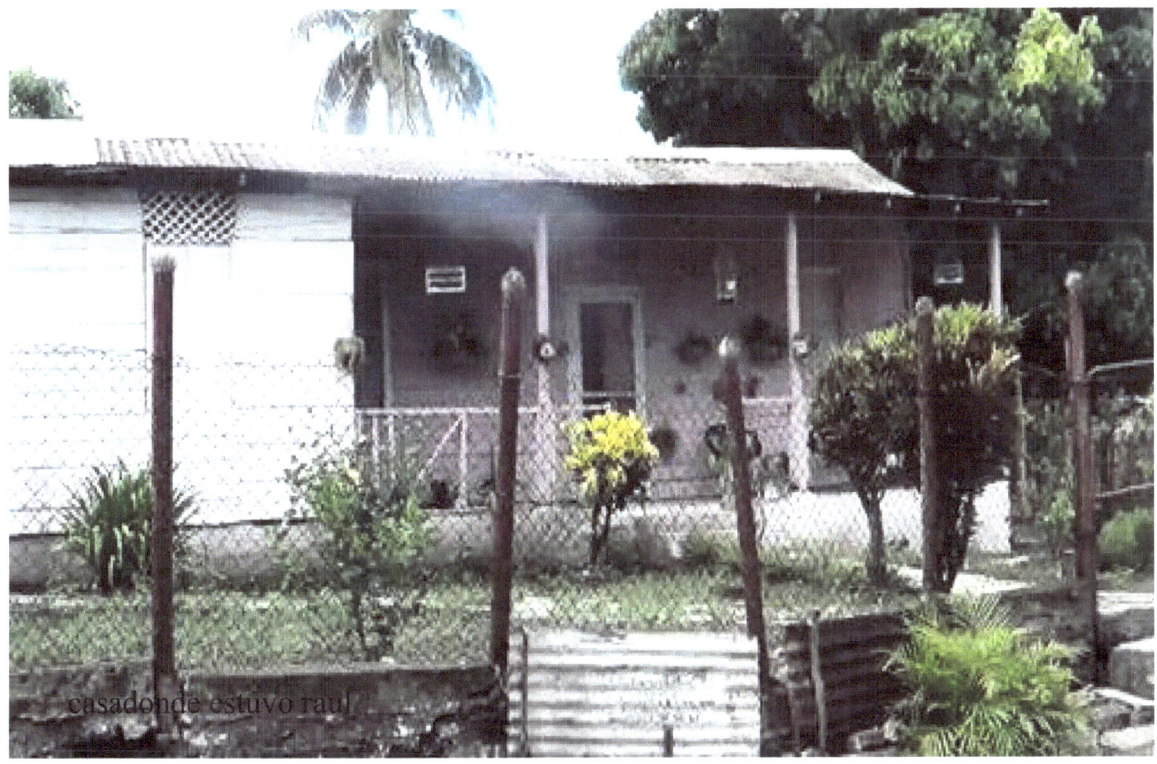

Casa donde se encontraban los entonces guerrilleros Raúl Castro y Vilma Espín el 1 de enero de 1959

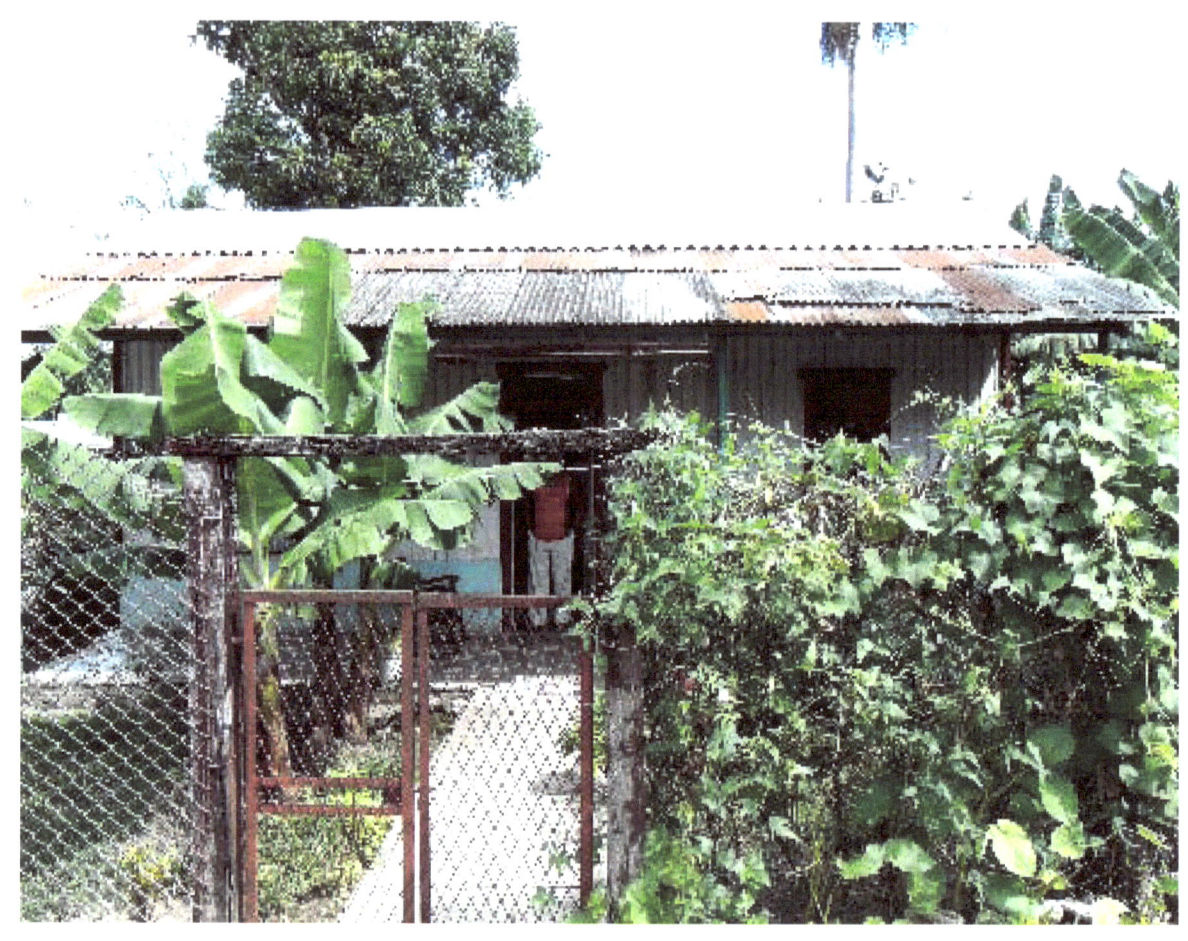

Zanja por donde salían los desperdicios del central

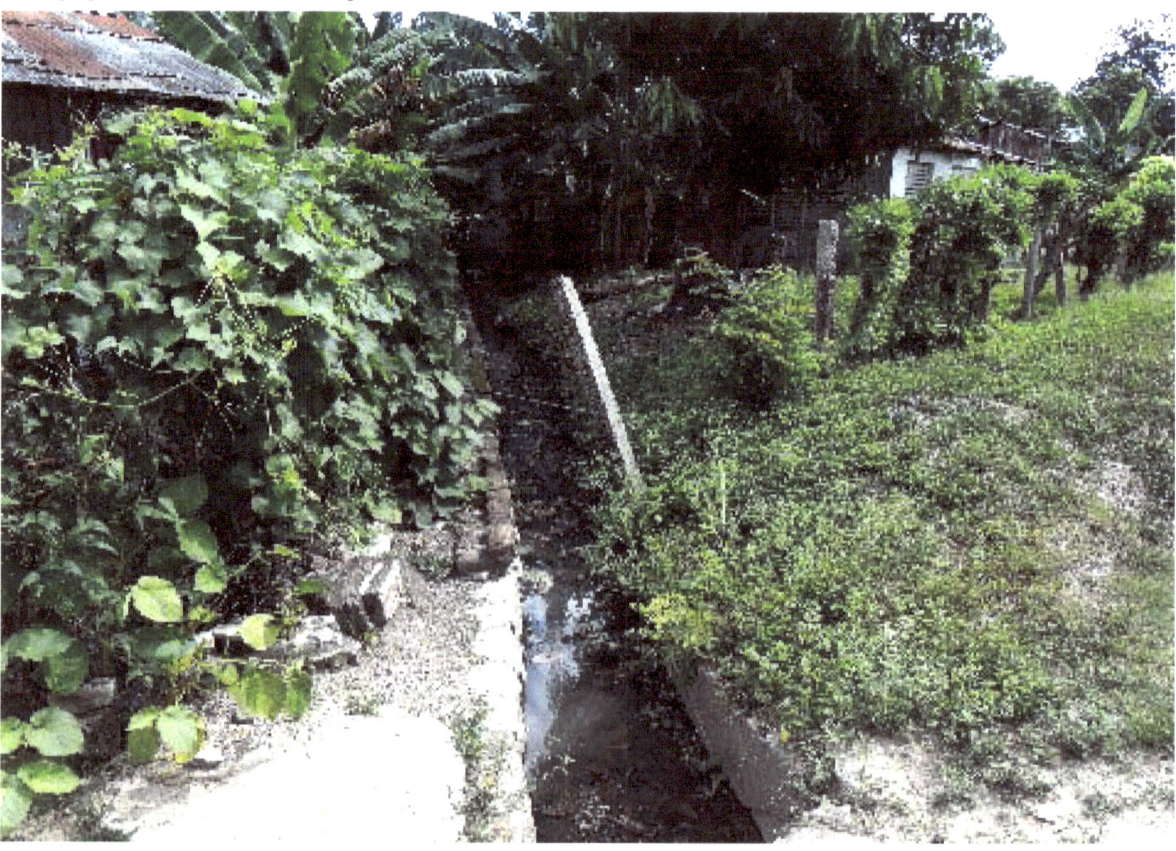

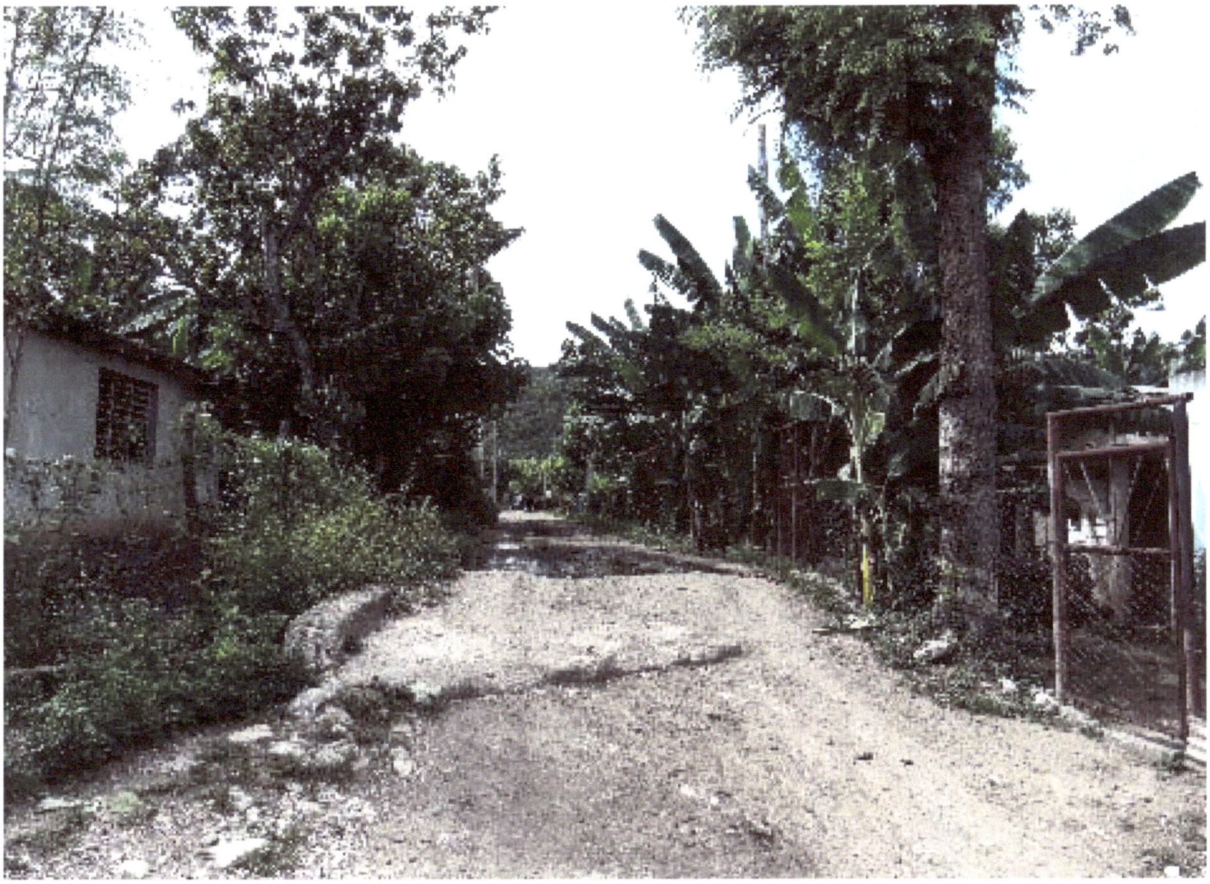

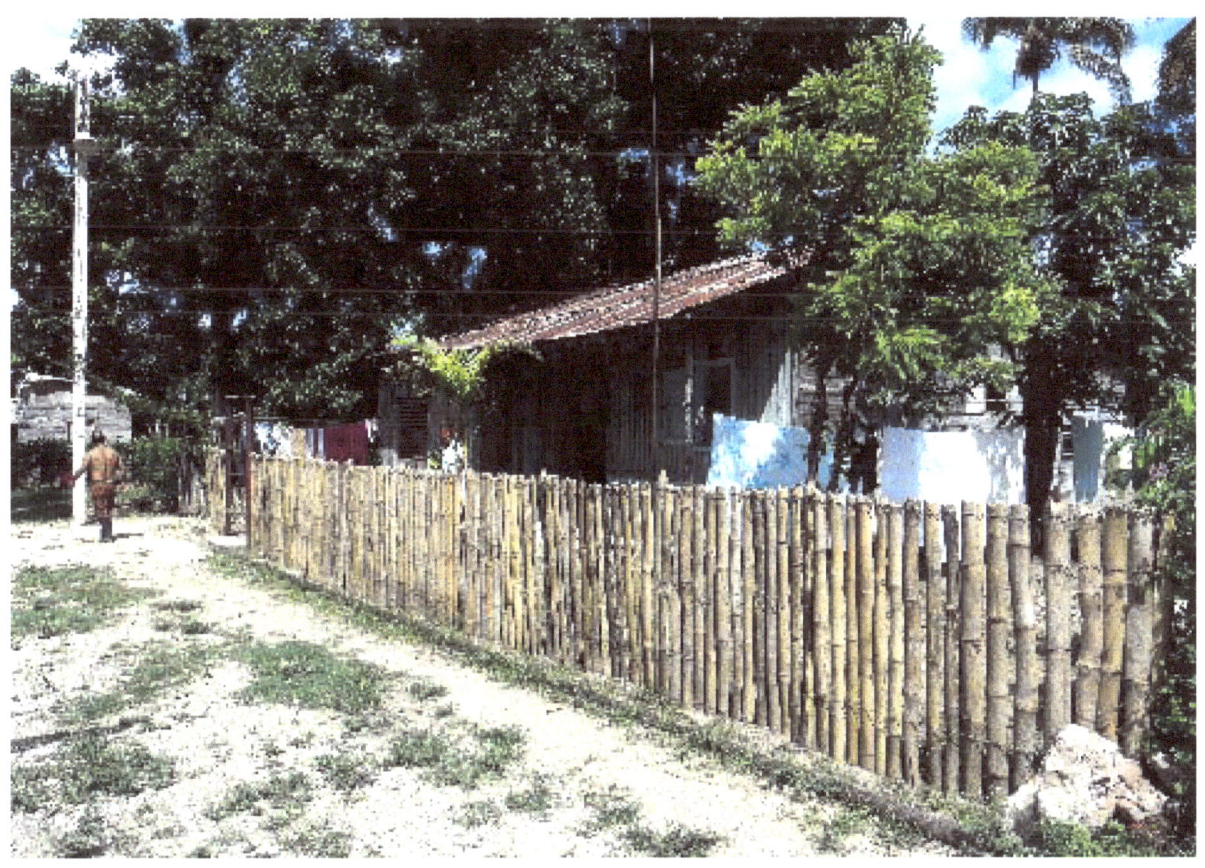

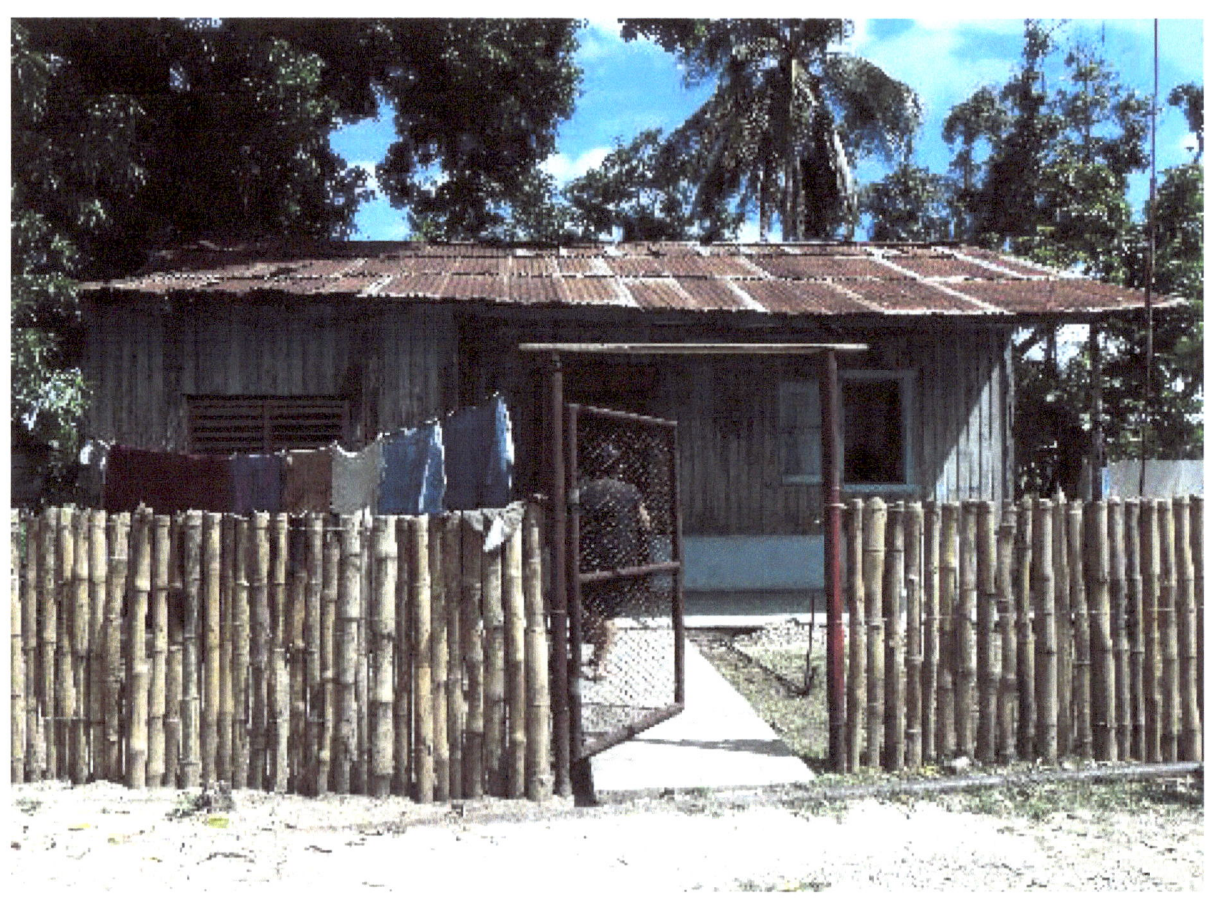

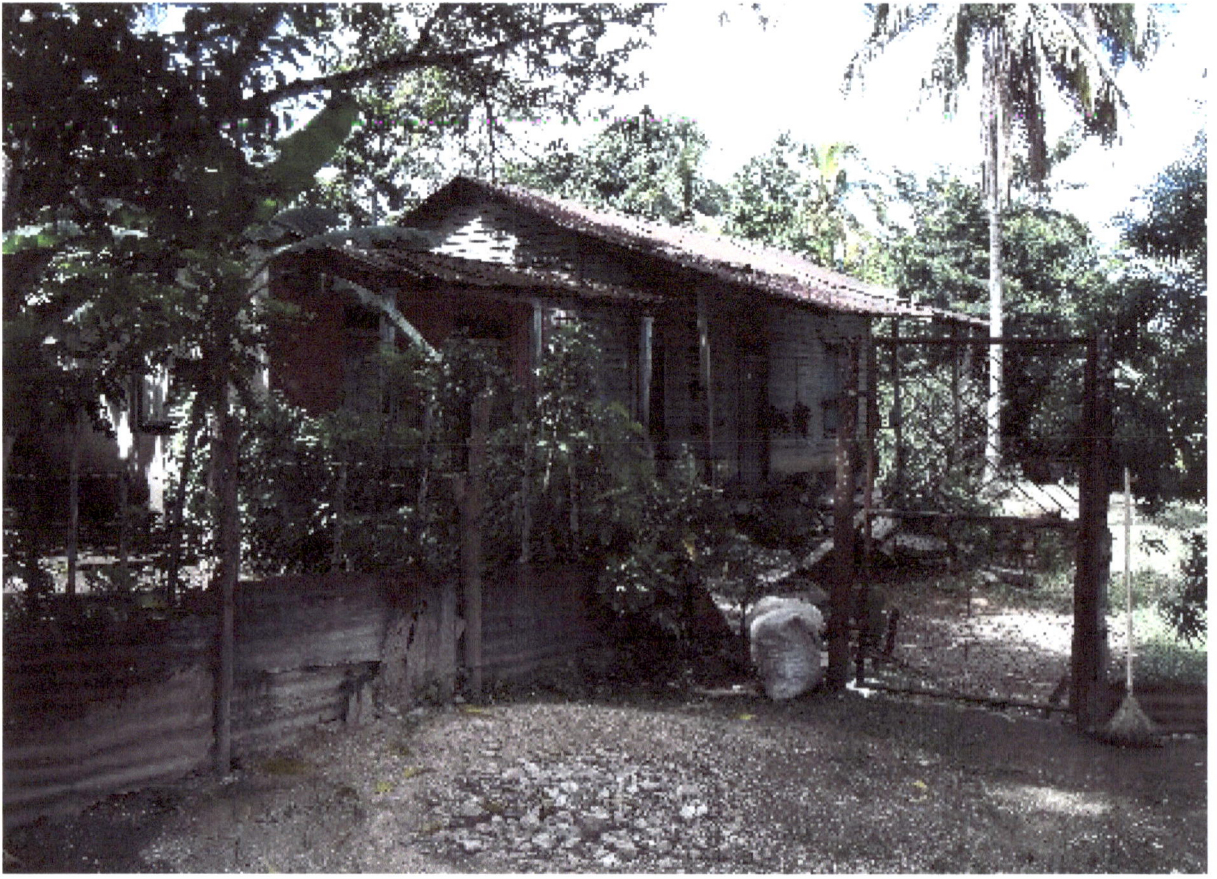

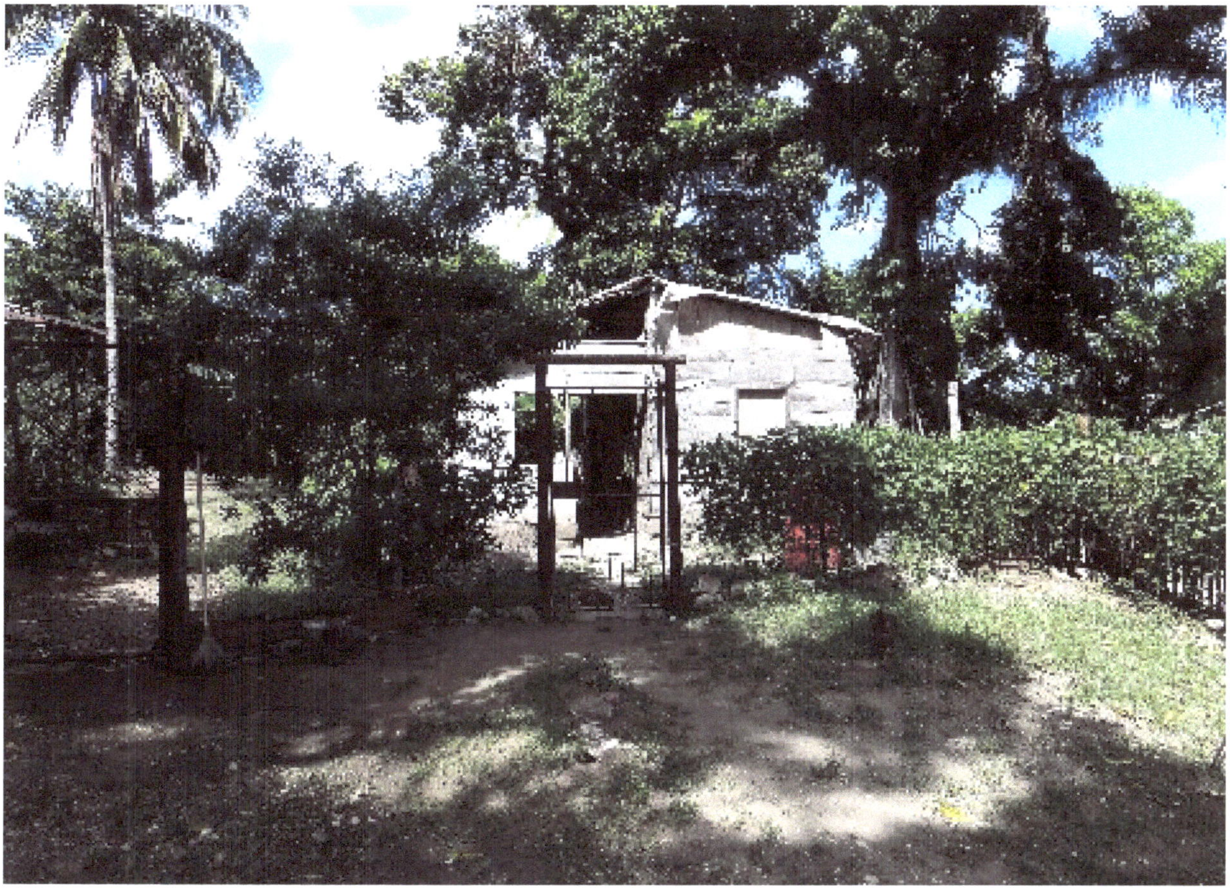

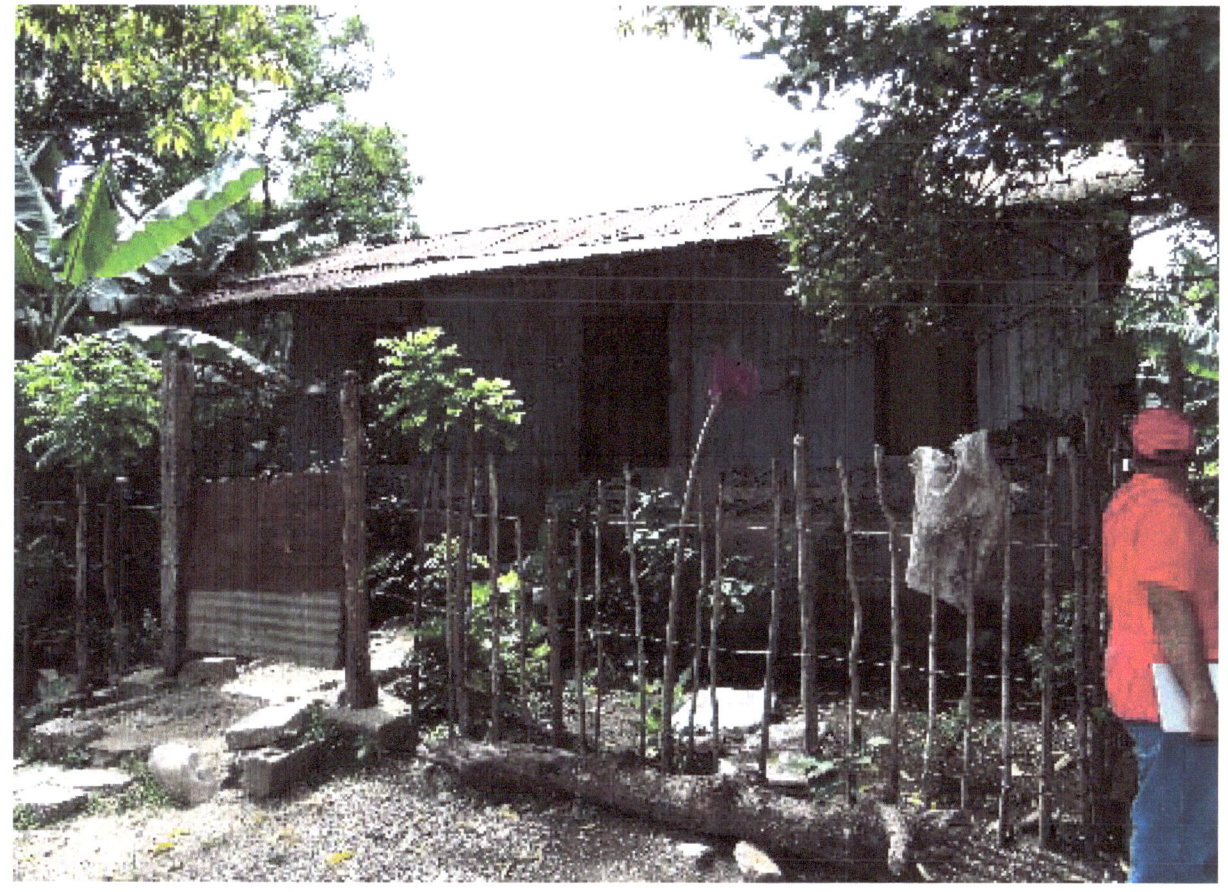

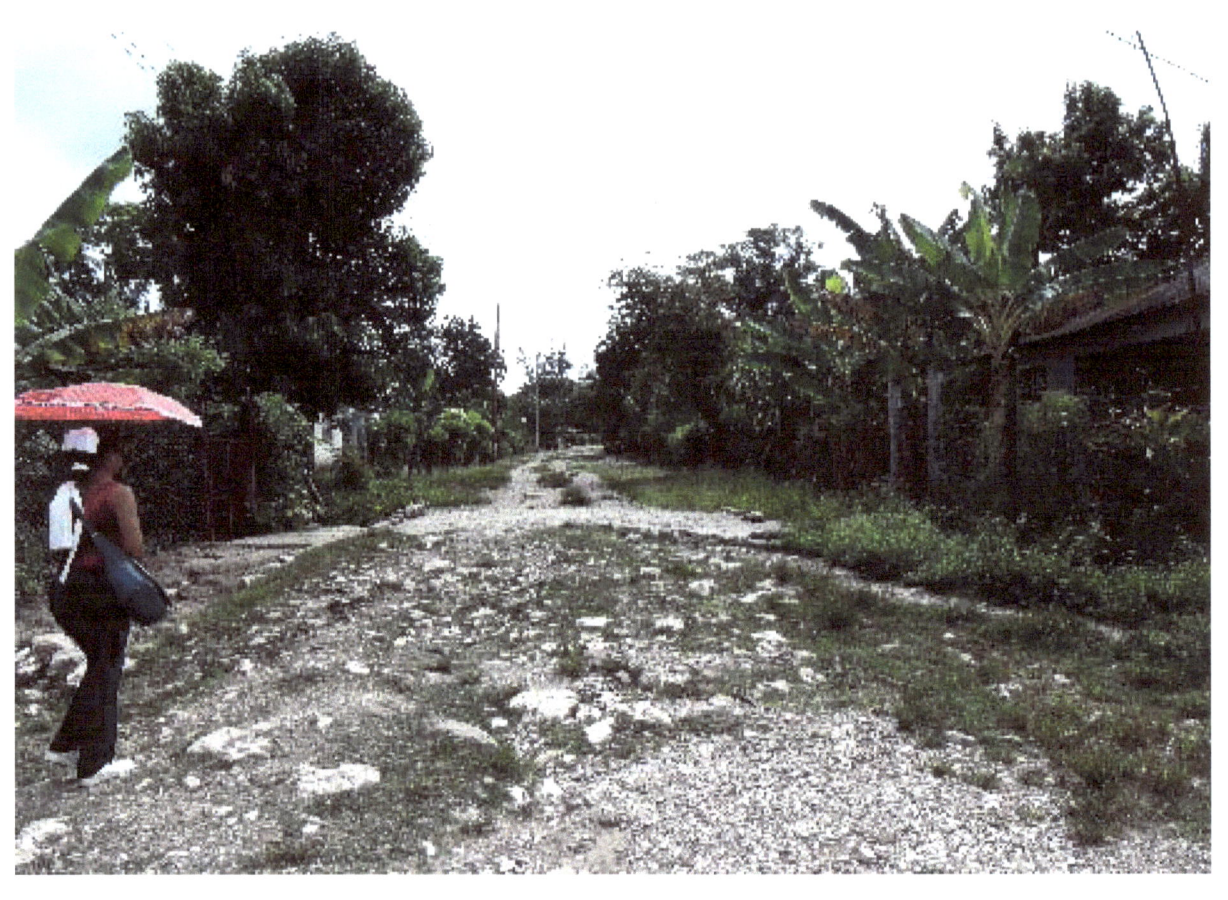

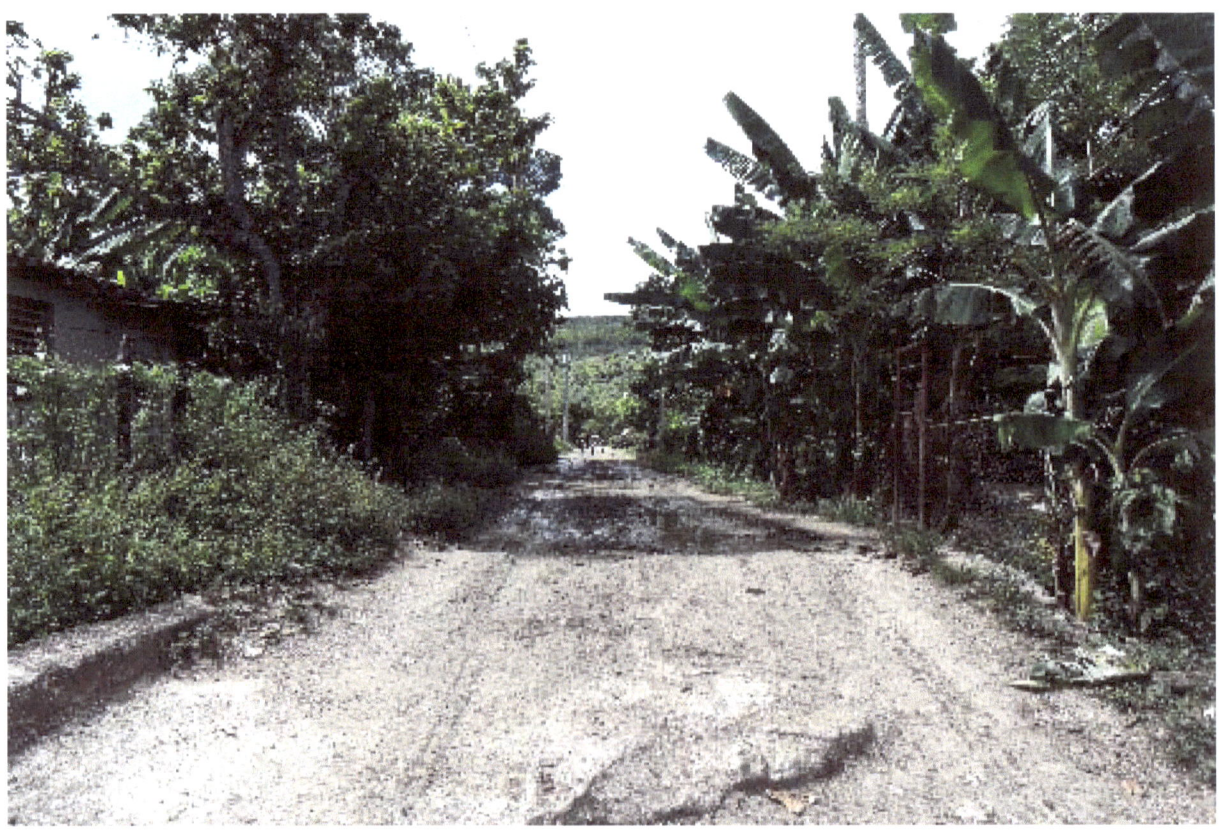

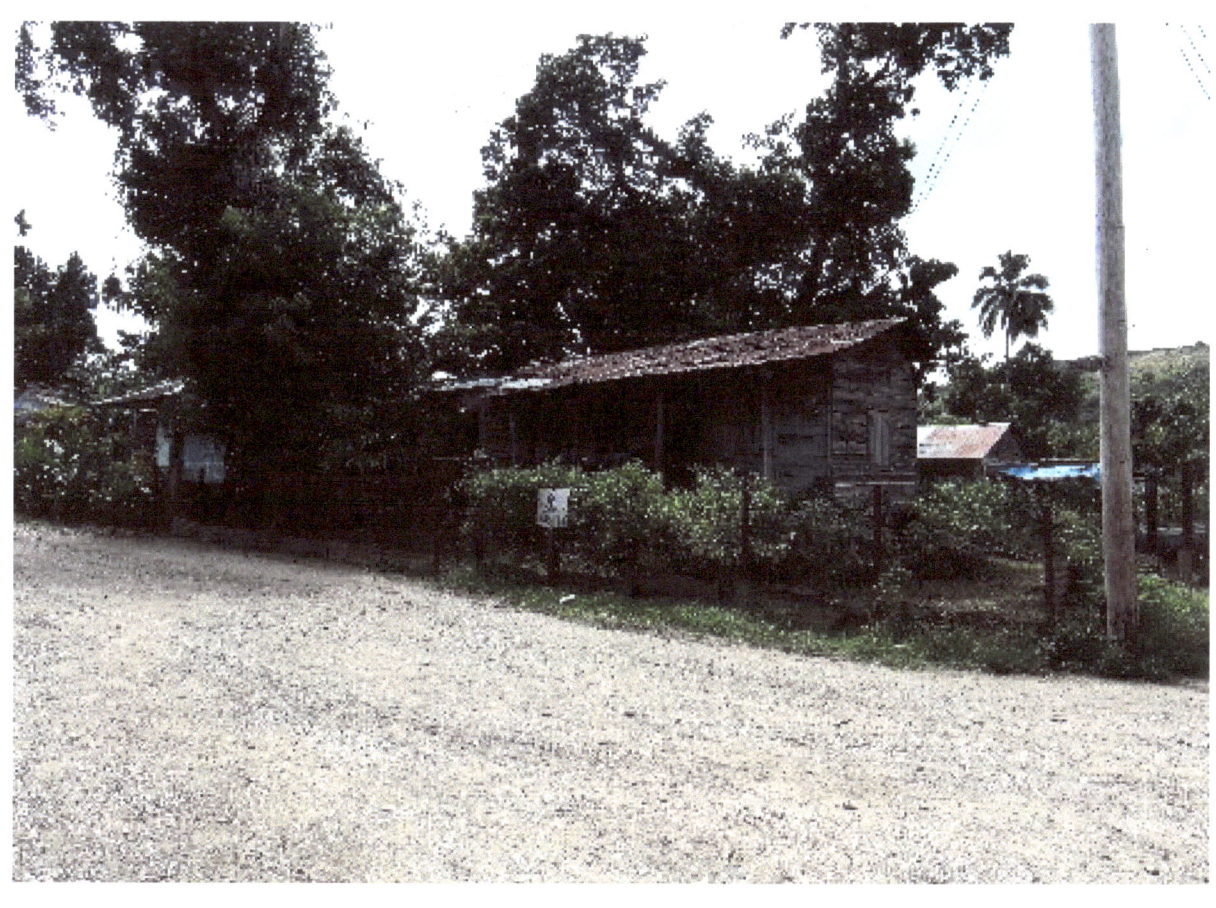

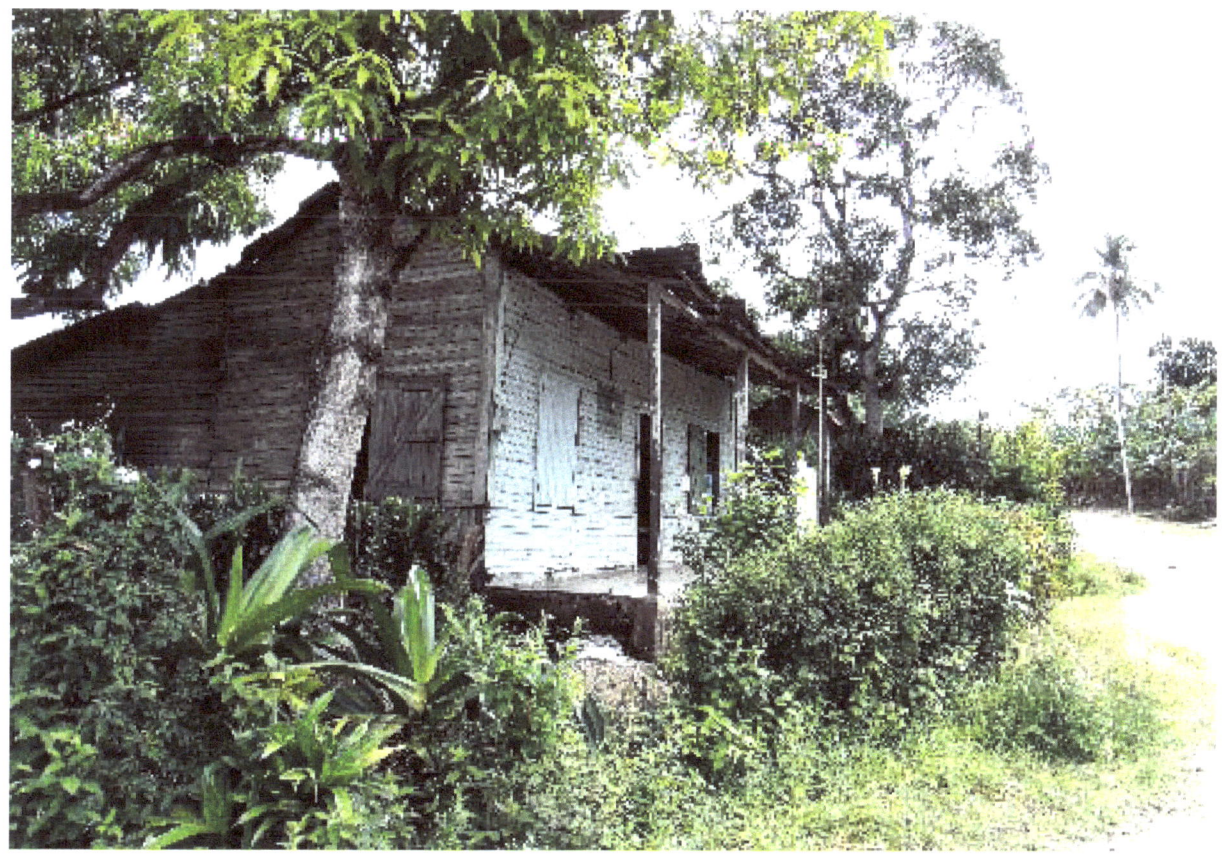

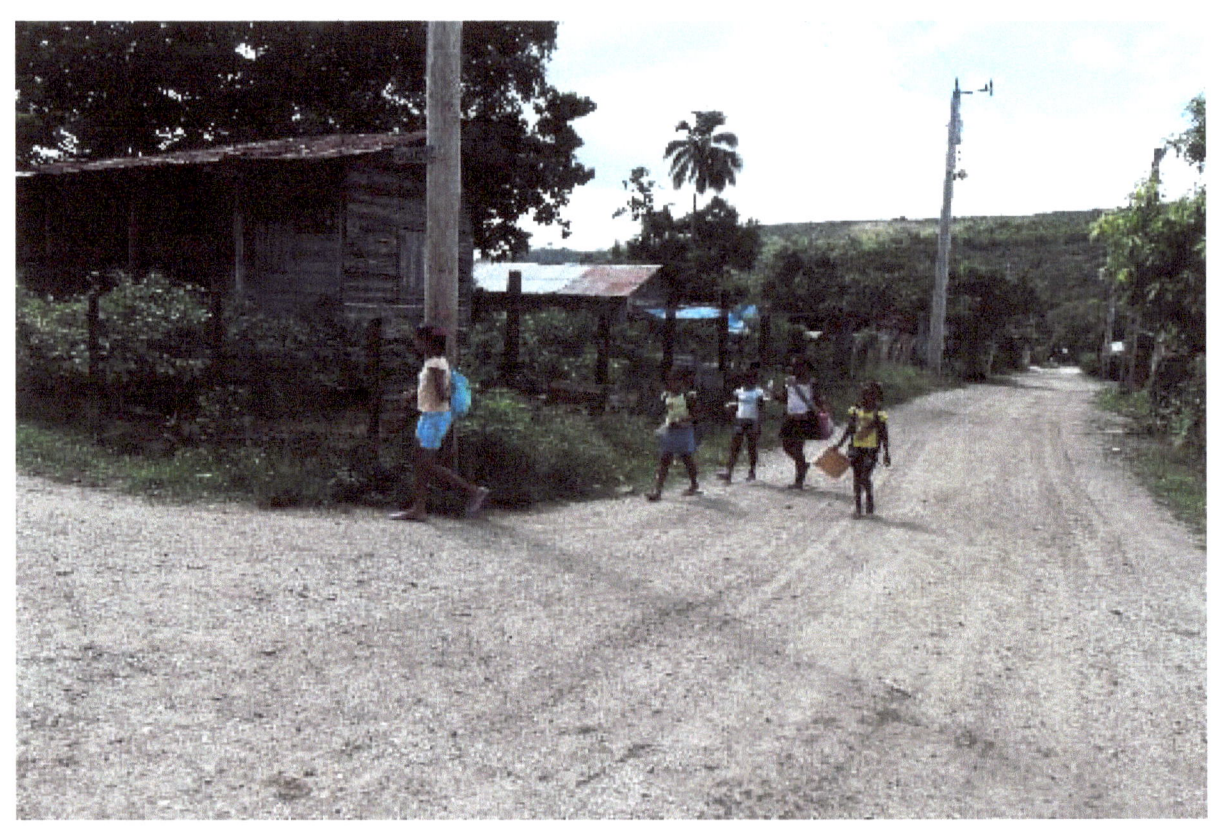

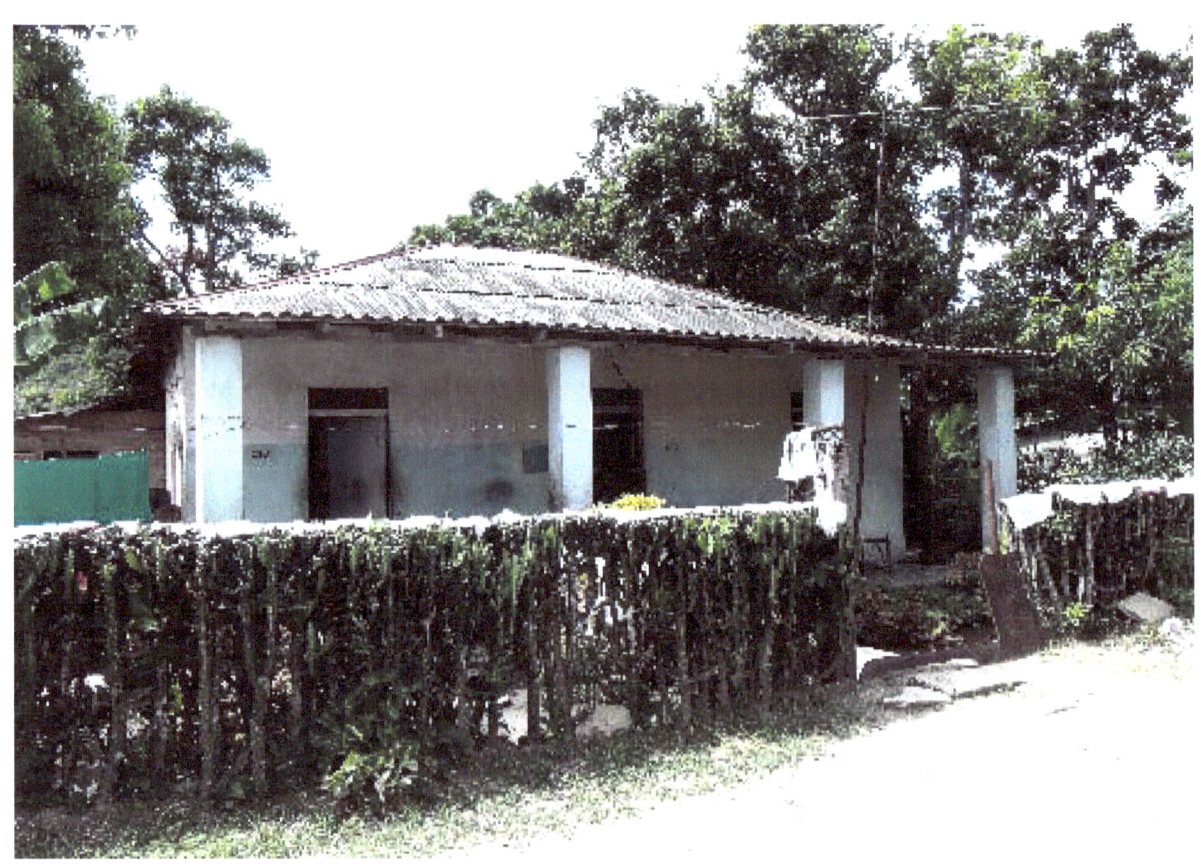

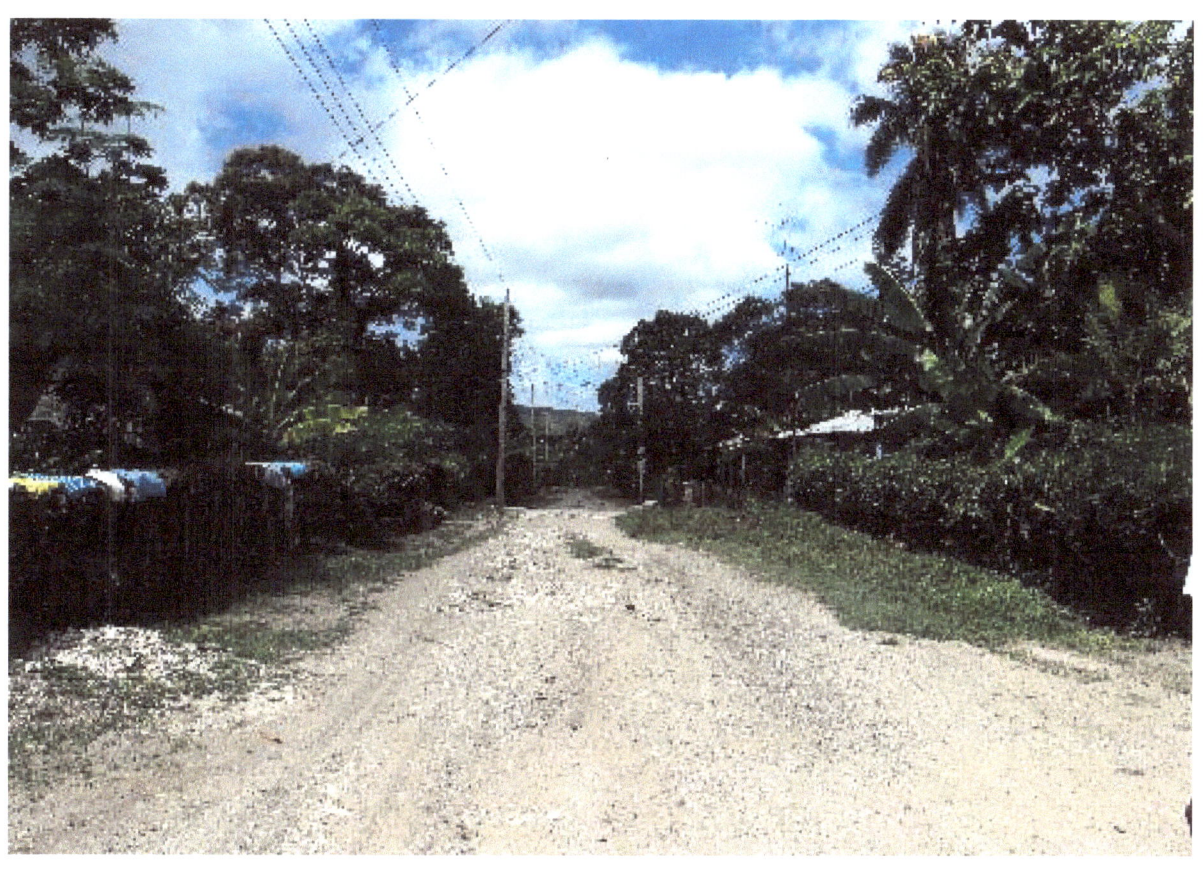

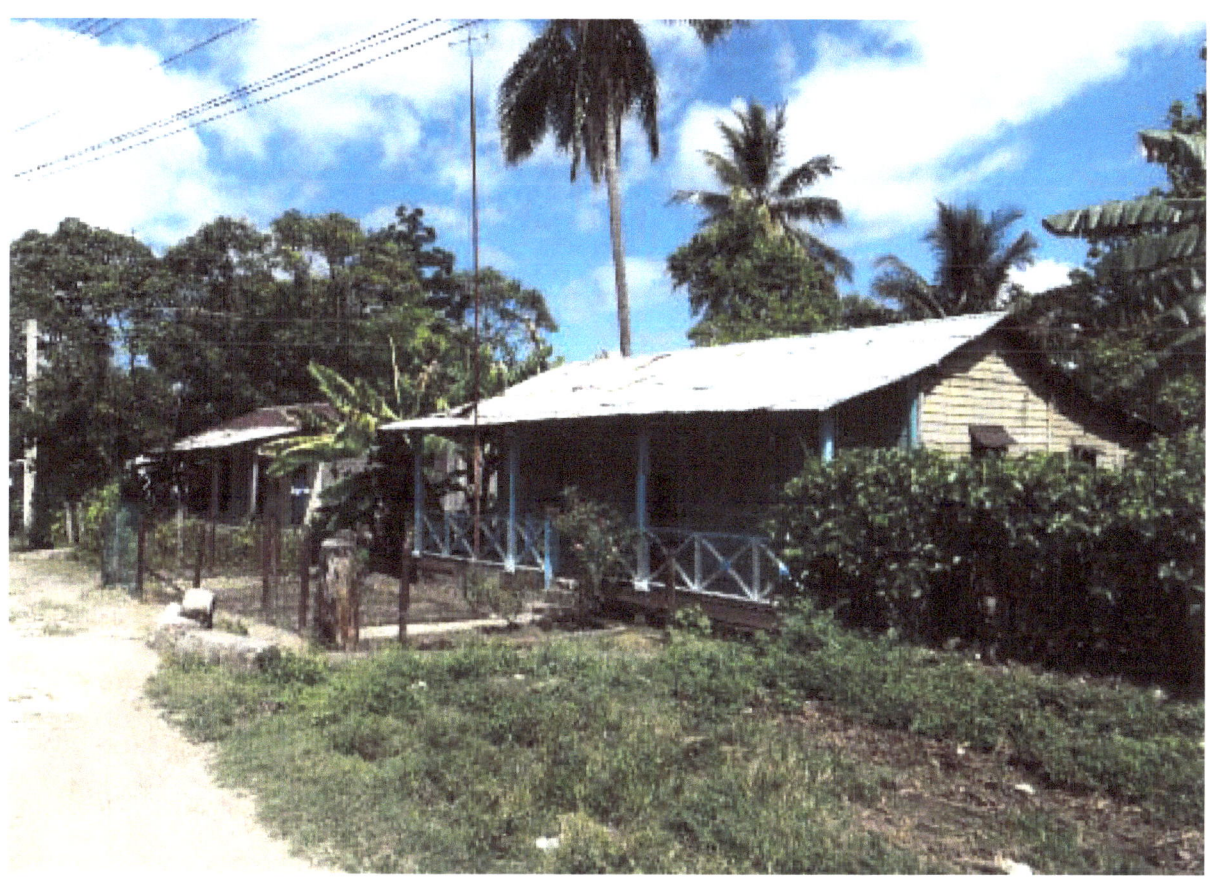

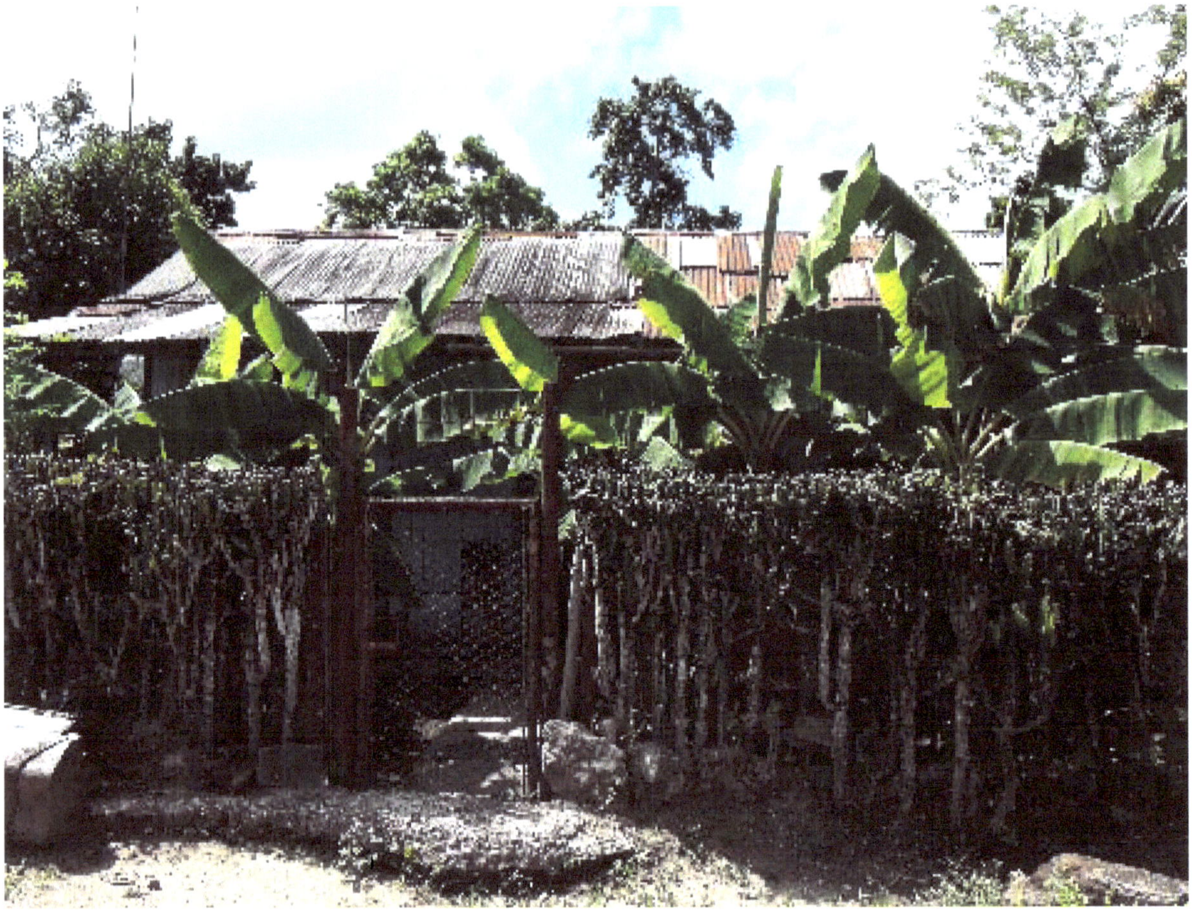

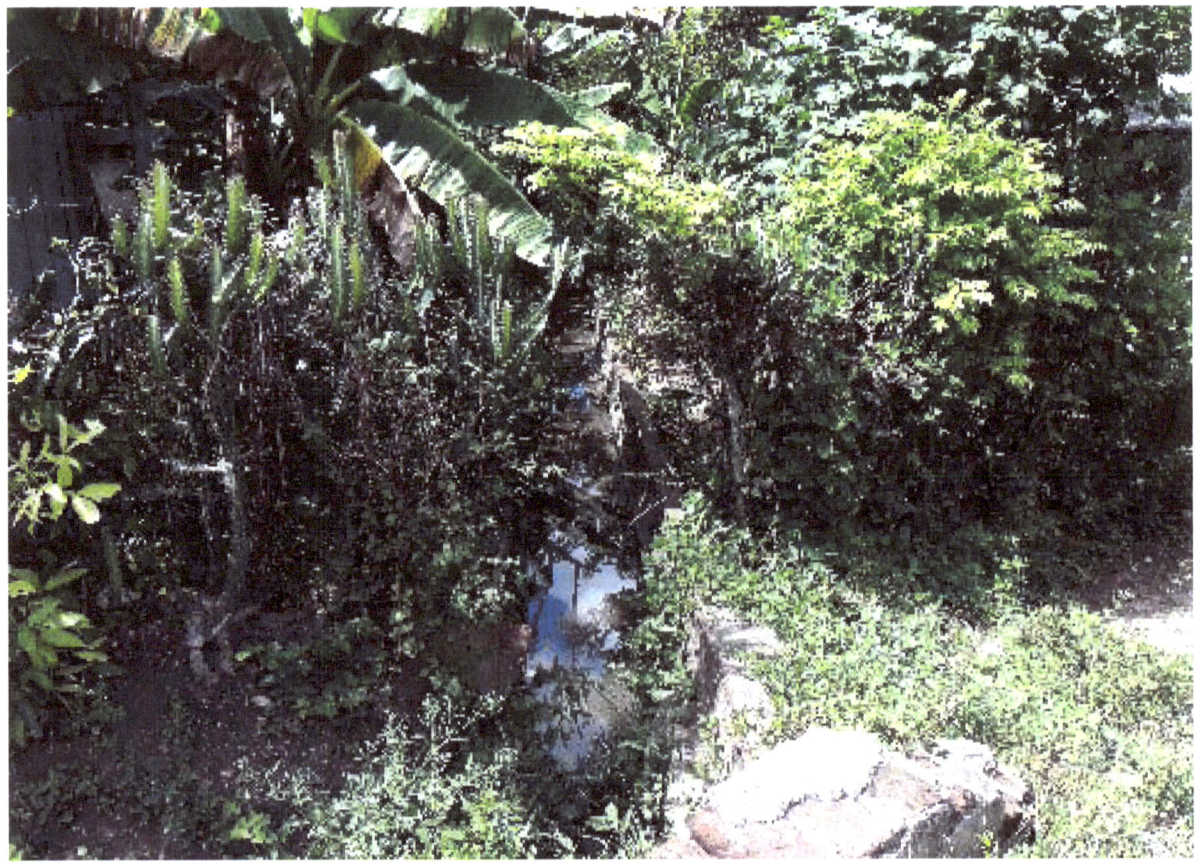

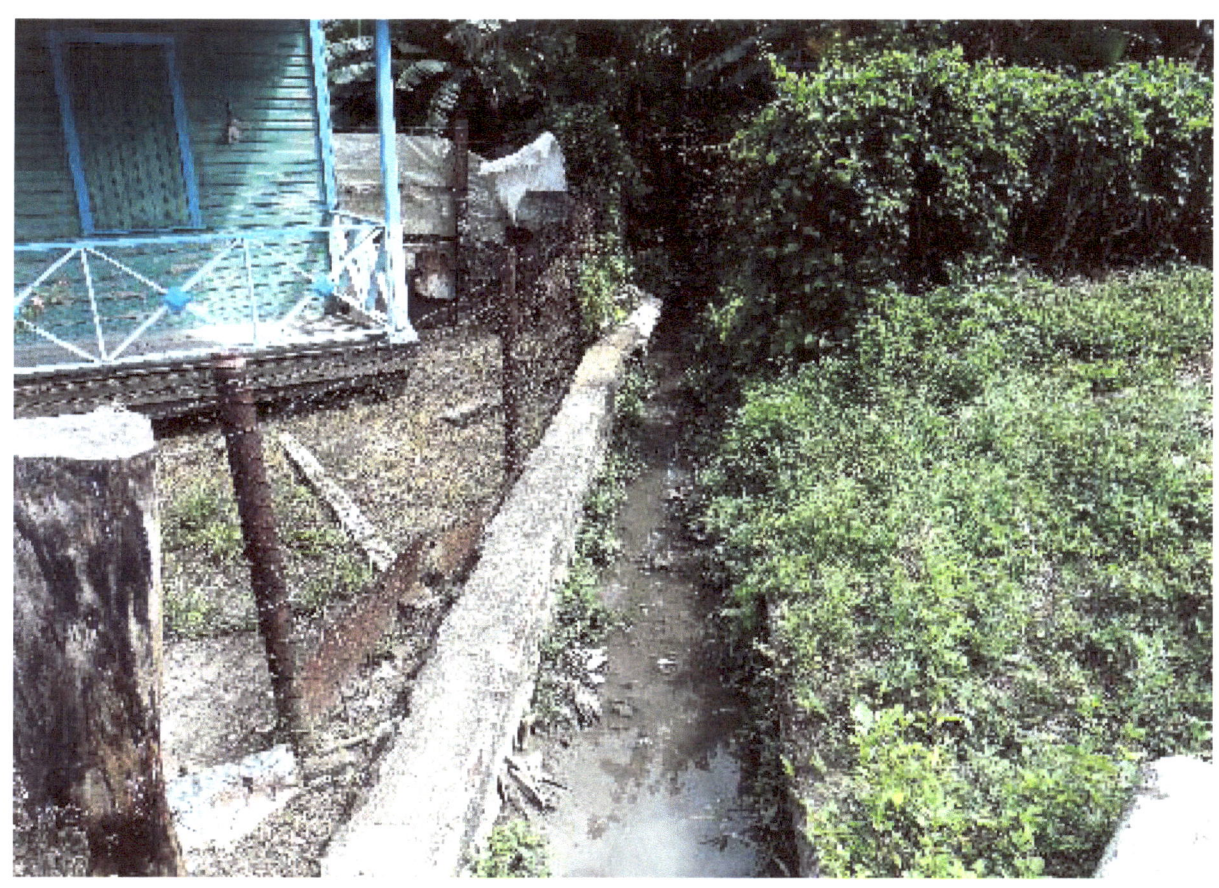

Otra vista de la zanja para los desperdicios del central

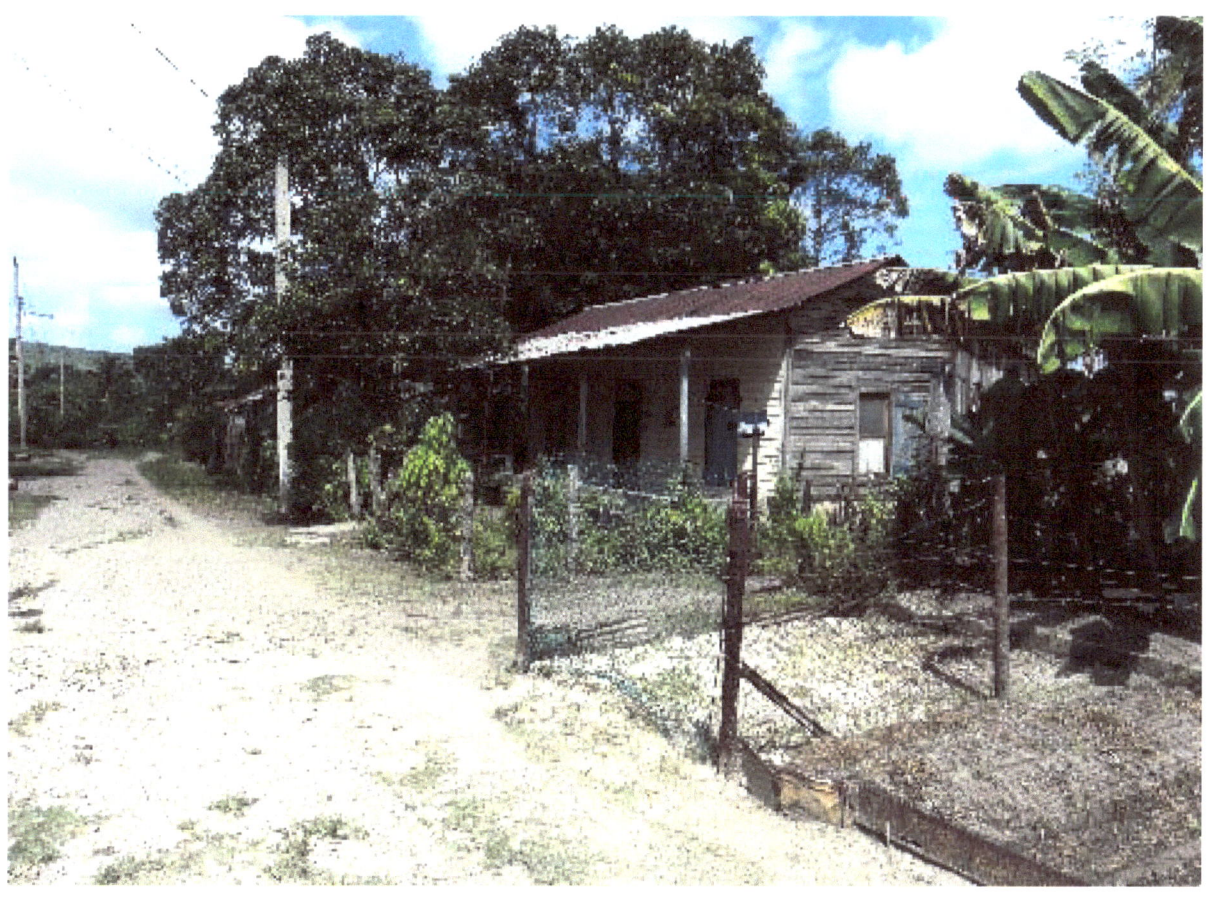

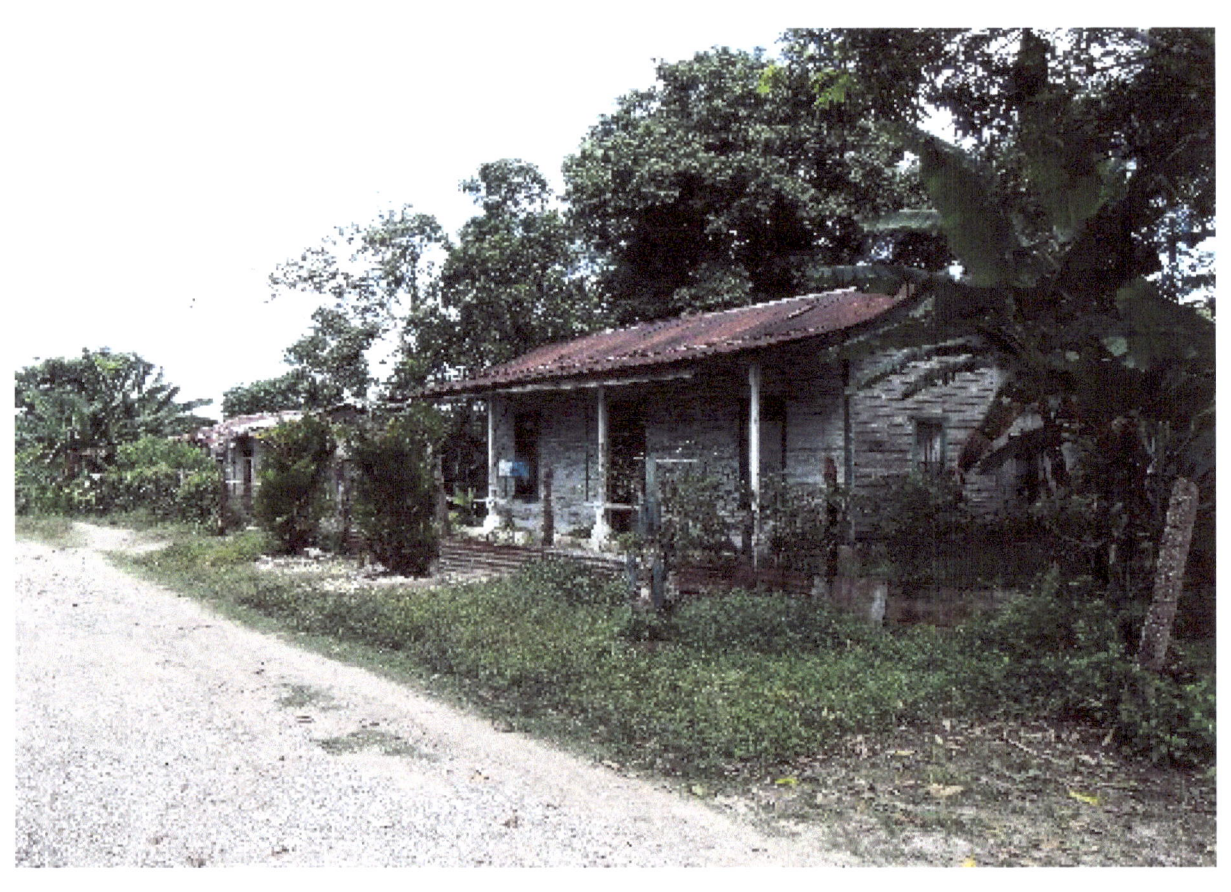

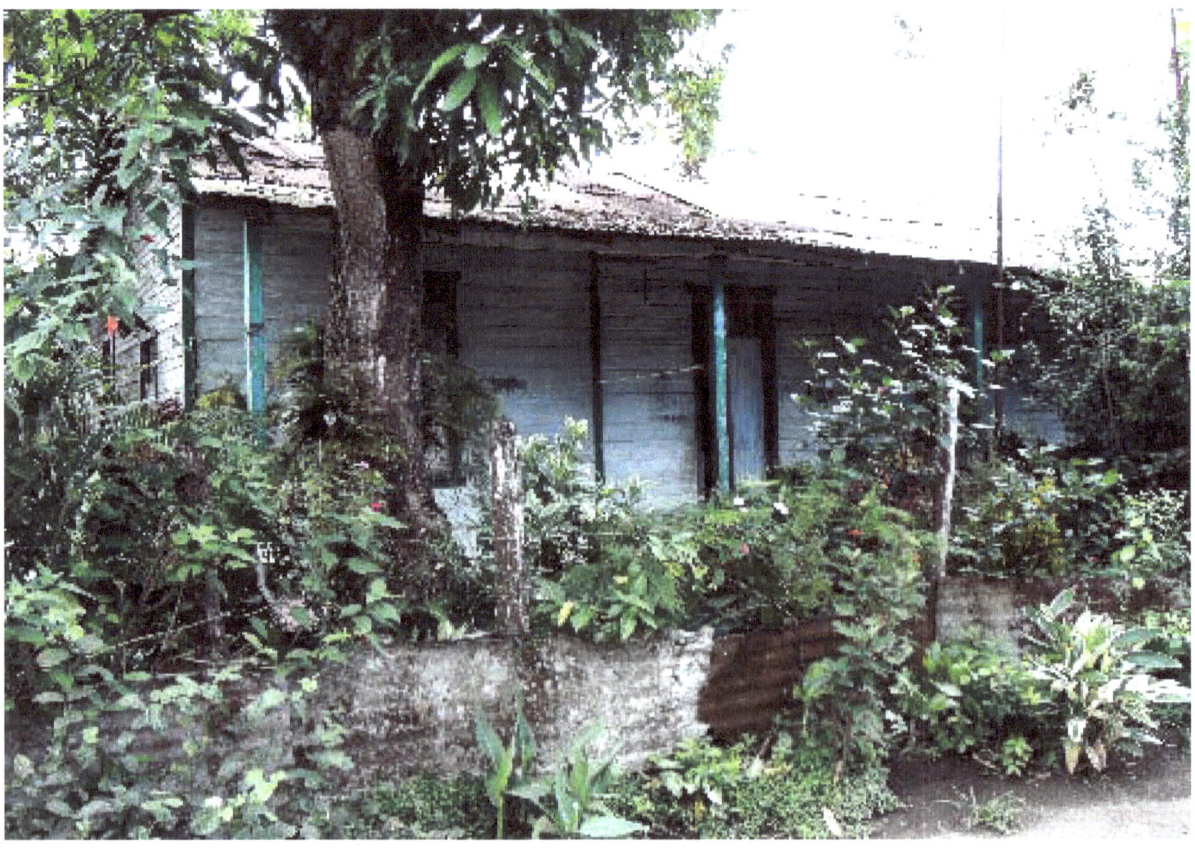

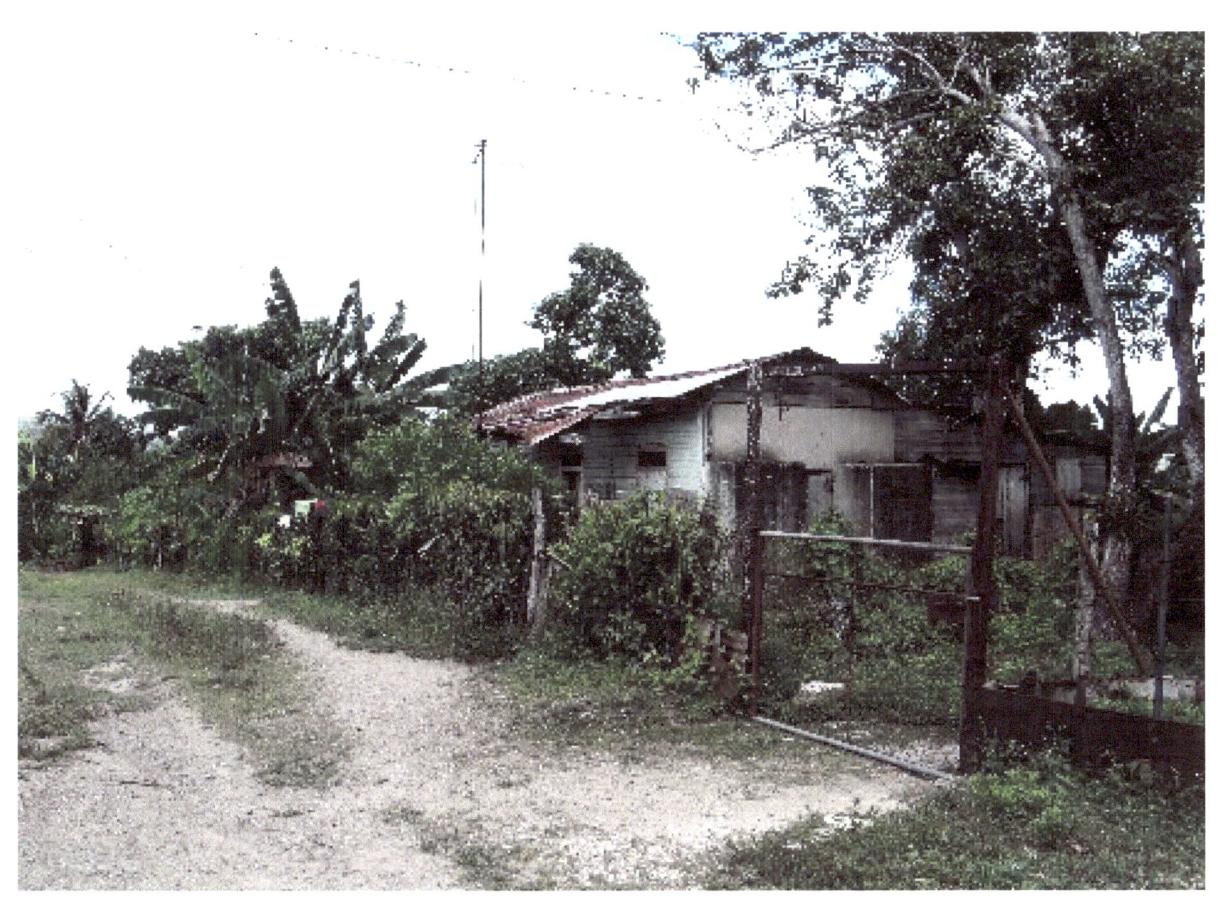

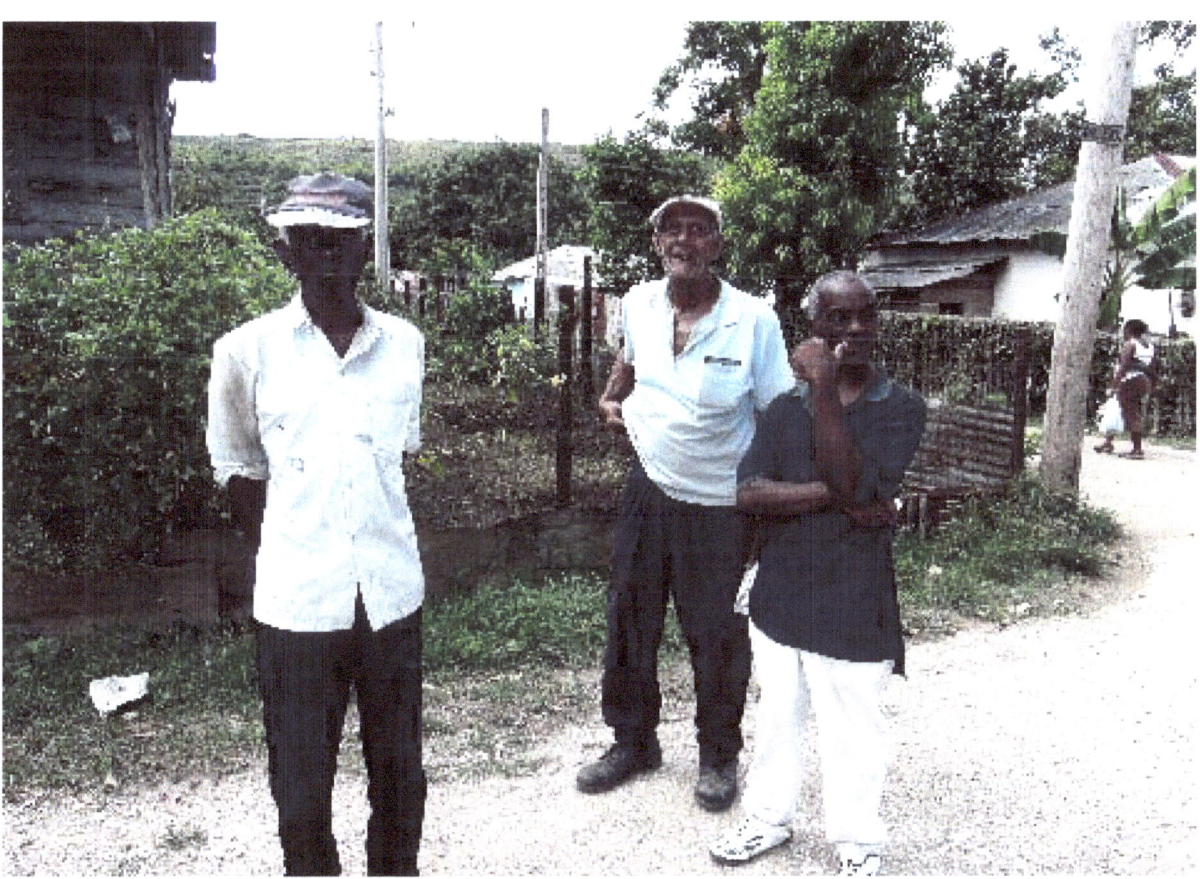

Rafael Vázquez, acompañdo de otros dos residentes de Ermita que recuerdan a Sanso Cuza

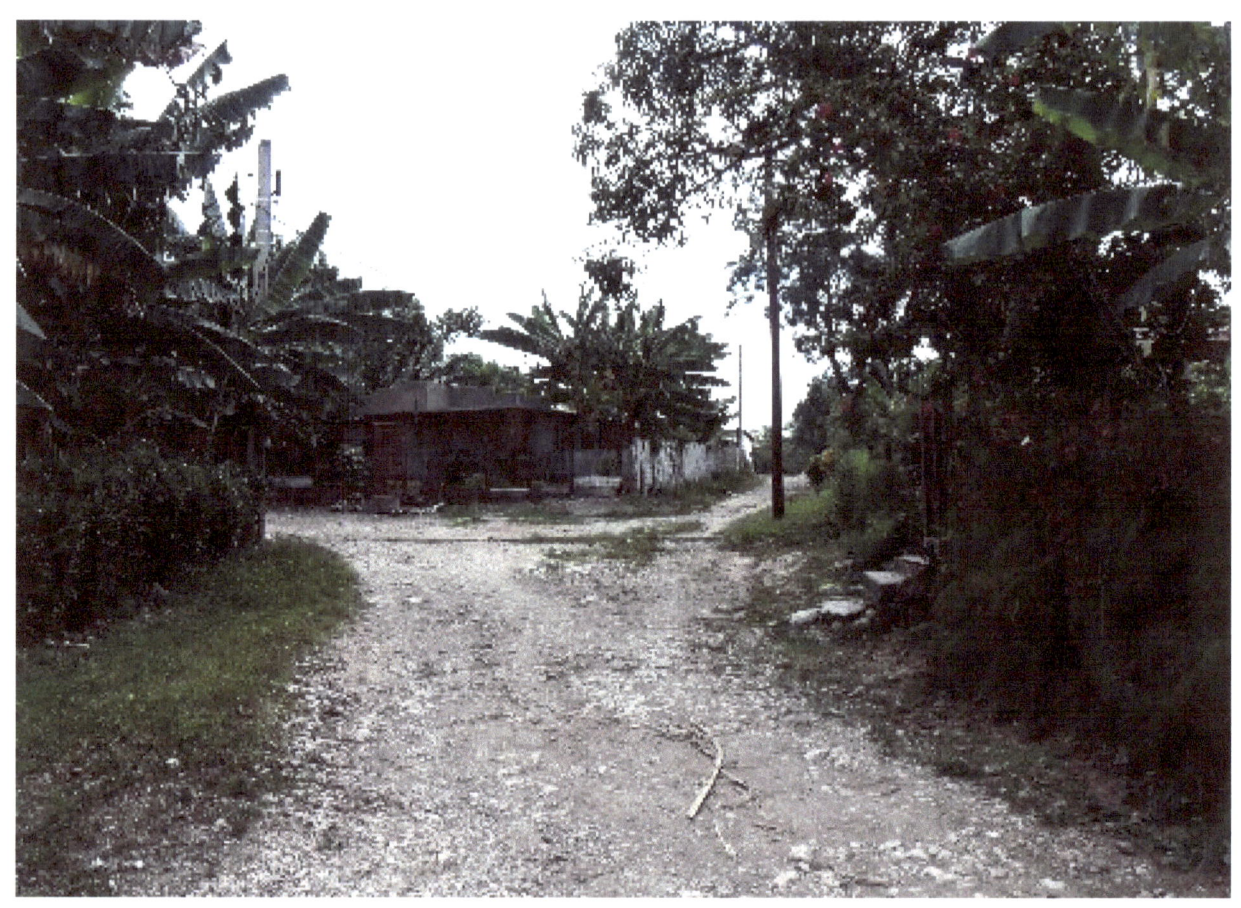

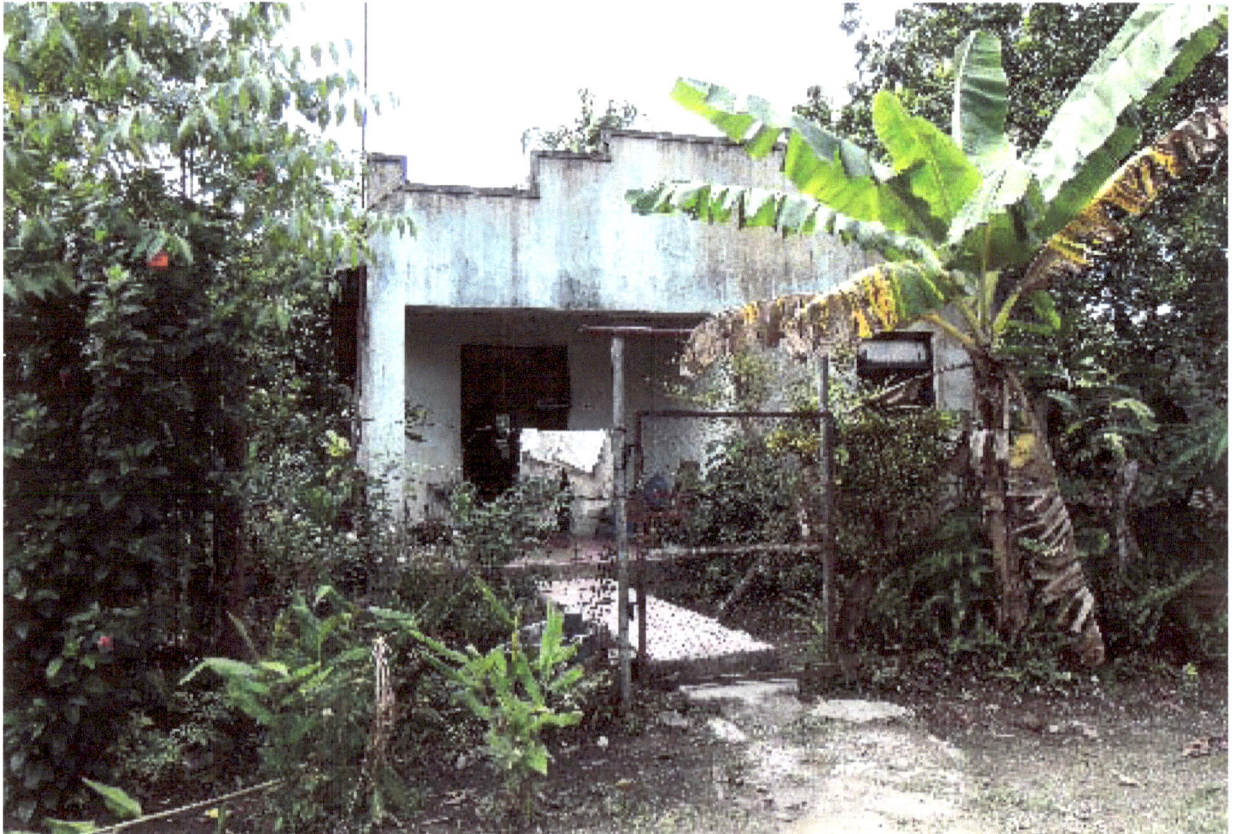

El mismo diseño, en forma de greca, aparece en el frente de la iglesita y en dos casas, ésta y la de Sanso Cuza

LA ANTIGUA CASA DE MI ABUELO SANSO CUZA

Mi abuela soñaba, y así se lo oí siempre que estuve a su lado, con una casa de mampostería, con los pisos nuevos, de modo que ella pudiera baldearlos a diario, como hacía con los de su casa --de madera rústica, con huecos ya, comidos quizás por el comején-- y quedaran relucientes.

Decía que la compañía dueña del central le había prometido a mi abuelo --que era el segundo maquinista del ingenio-- que muy pronto empezarían a construirle una nueva. Y así fue. Cuando comenzaron las labores, mi abuela tuvo que acomodar un cuarto aledaño, que tenía ventana al frente, y trasladarse allí. Me parece ver aún esa ventana desde donde se divisaban las torres del central. Cierro los ojos y estoy junto a ella, atareada en complacer a los demás, especialmente a mi abuelo, que esperaba impaciente por las delicias que ella le prepararía para que llevase con él a su turno en el central. Recientemente descubrí esa ventana Está en la foto donde aparezco con mi papá, yo quizás con dos años, y los enormes perros, a los que sin duda no temo. No tardamos mucho, sin embargo, en trasladarnos a casa de su hermano Dieguito. Me contaba mi madre que el día que la enterraron se terminó de construir la casa que ven aquí.

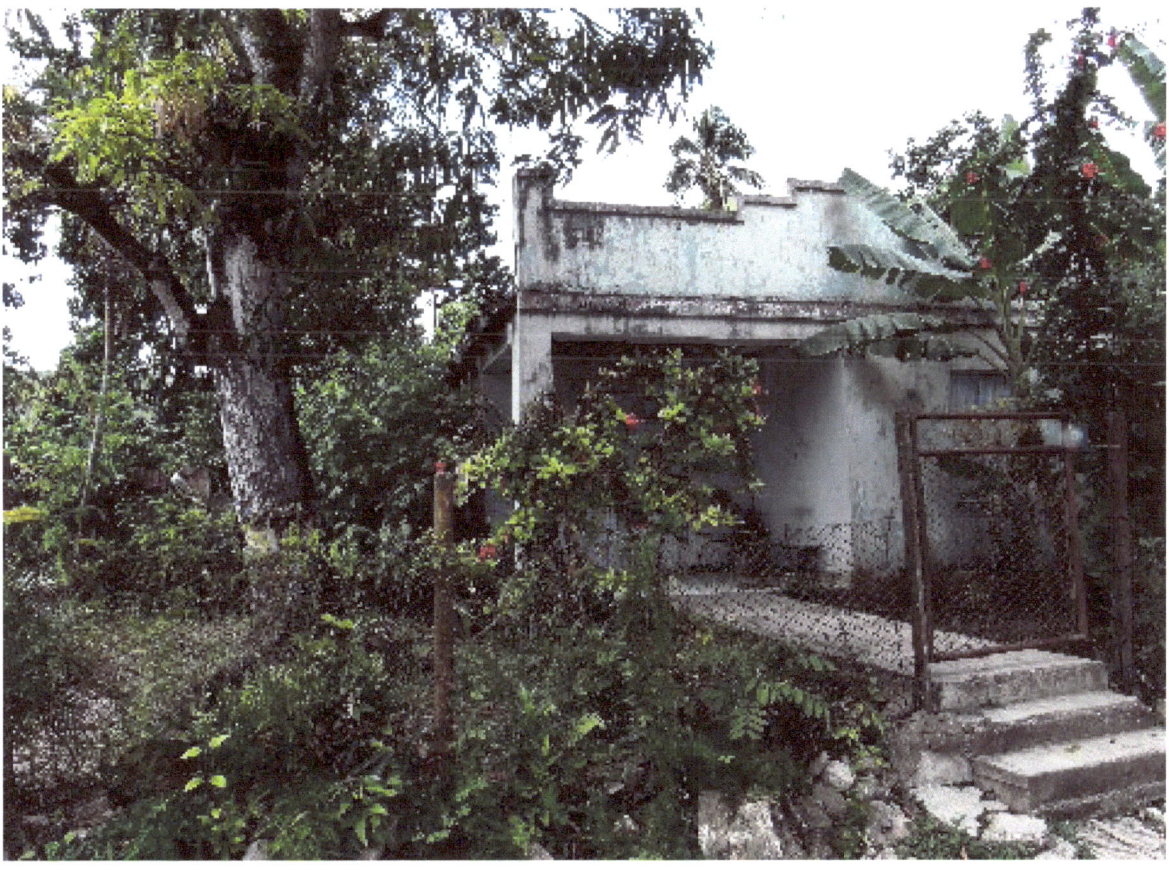

La casa de Sanso Cuza

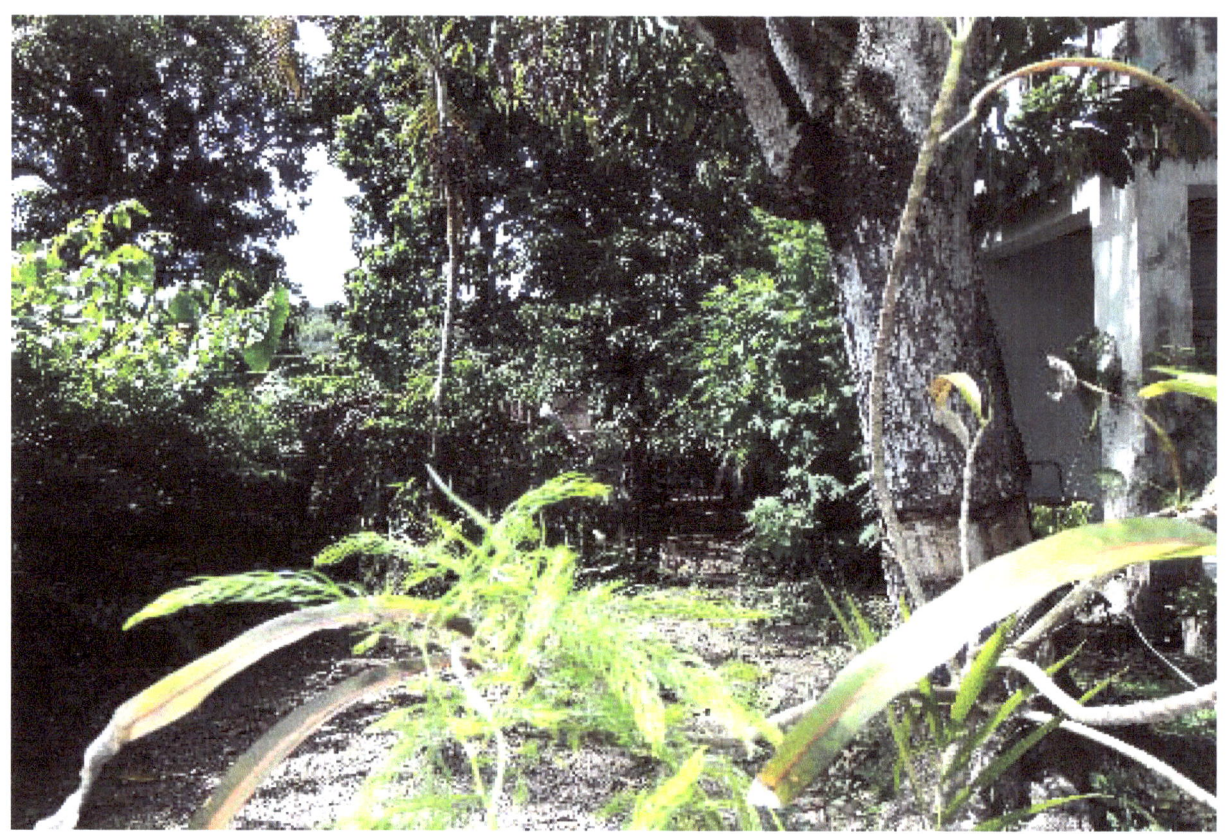

El antiguo patio de mi abuela.

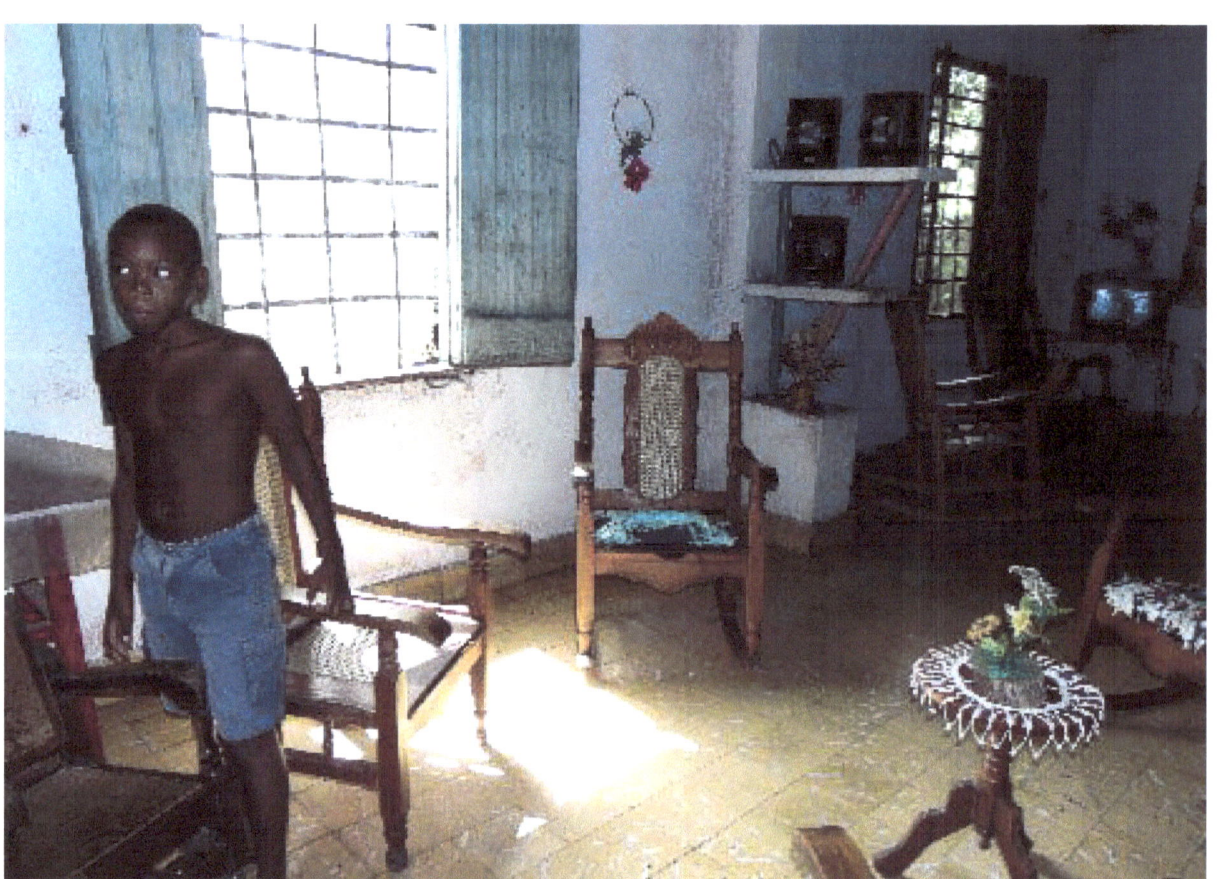

Hijo de la señora que habita ahora en la casa

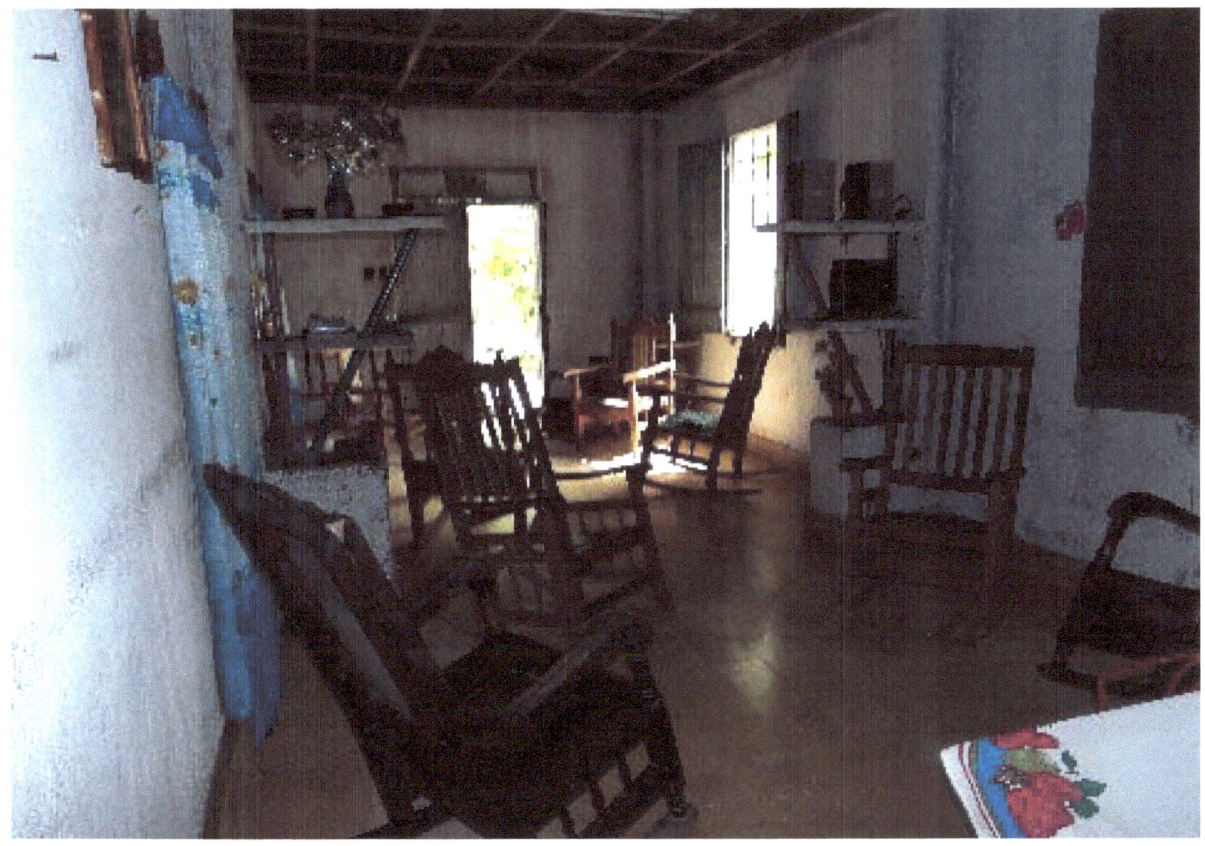

Saleta

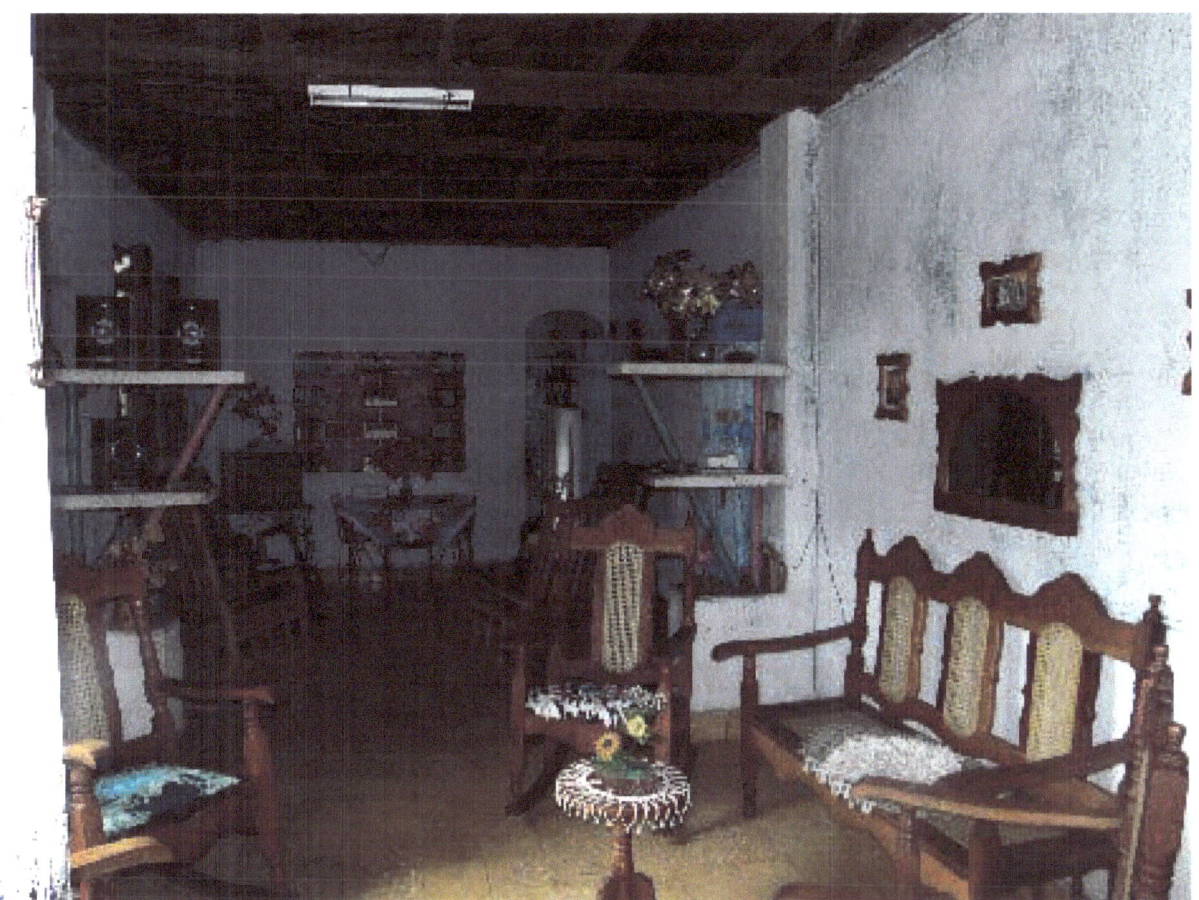

Vista de la sala

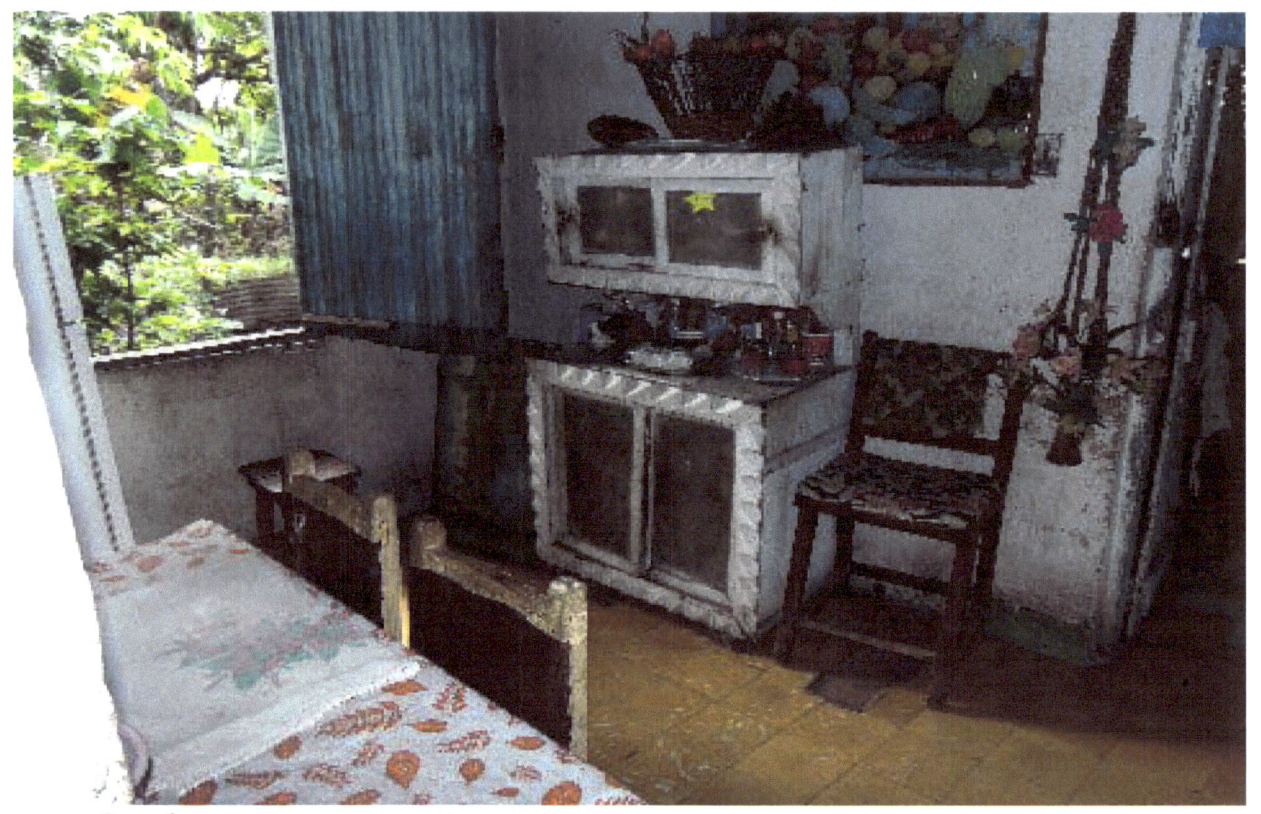

Comedor

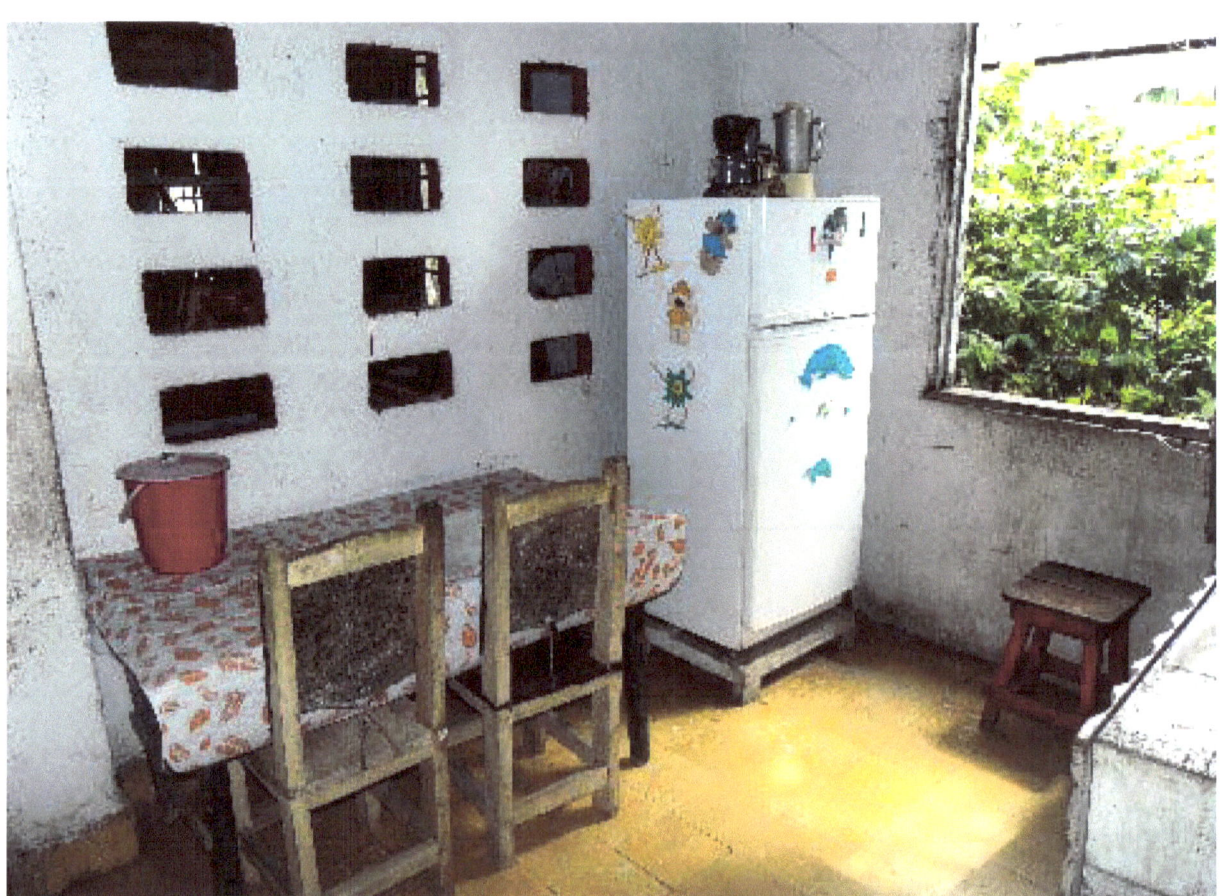

Comedor, otra vista

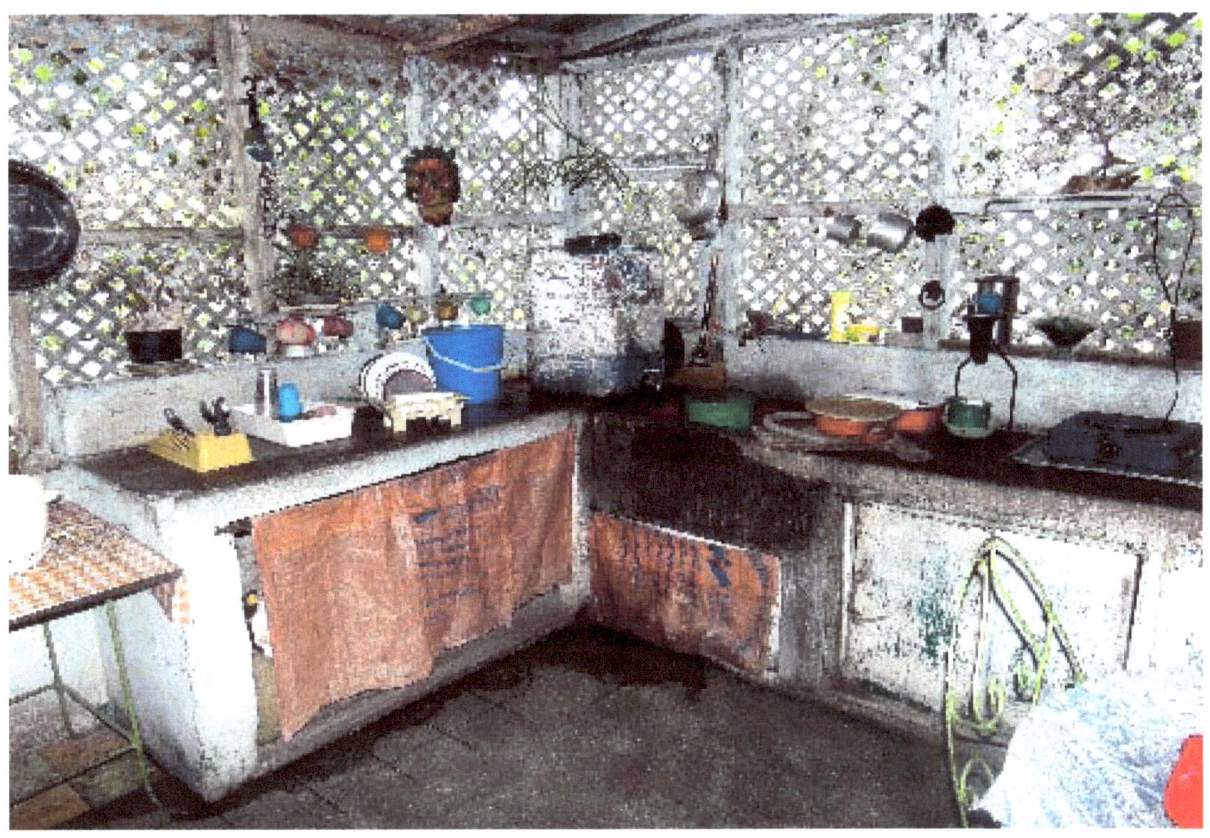

La cocina

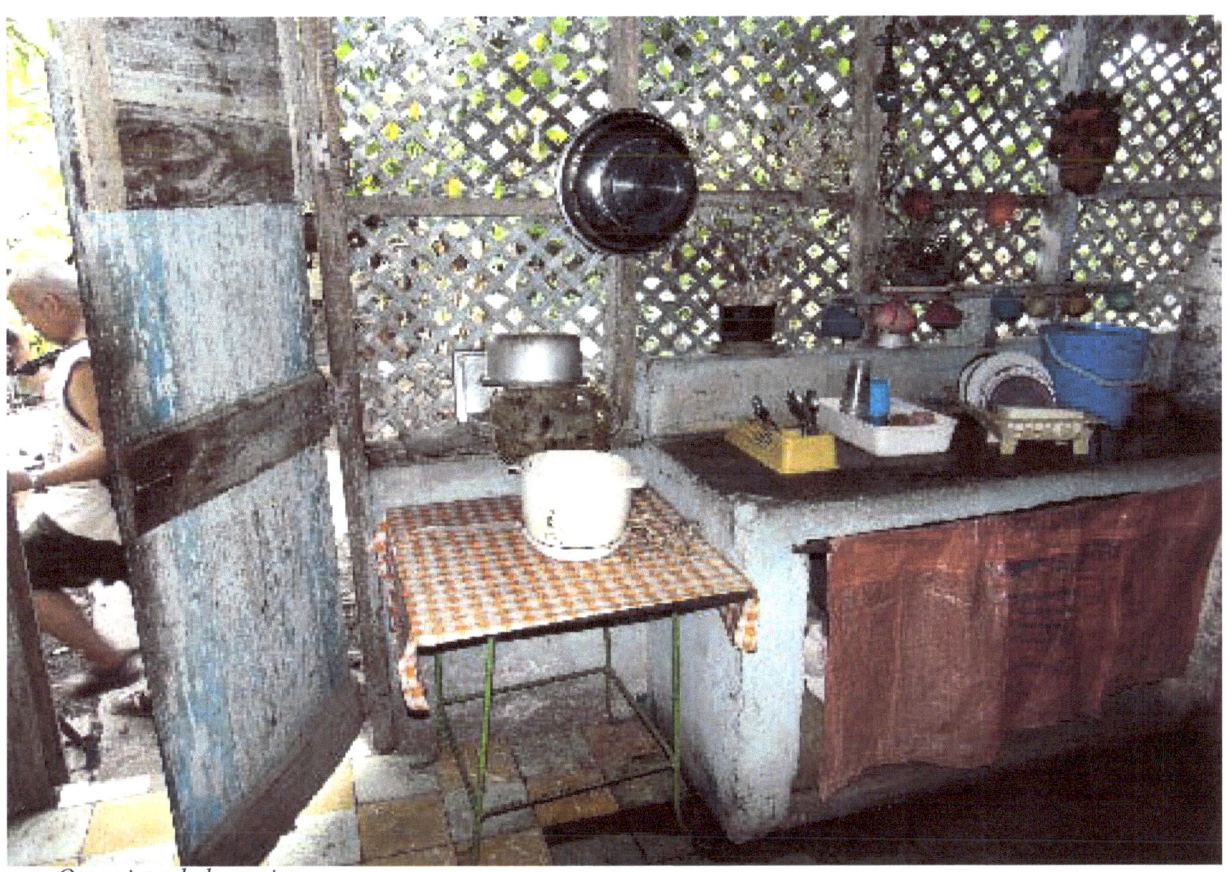

Otra vista de la cocina

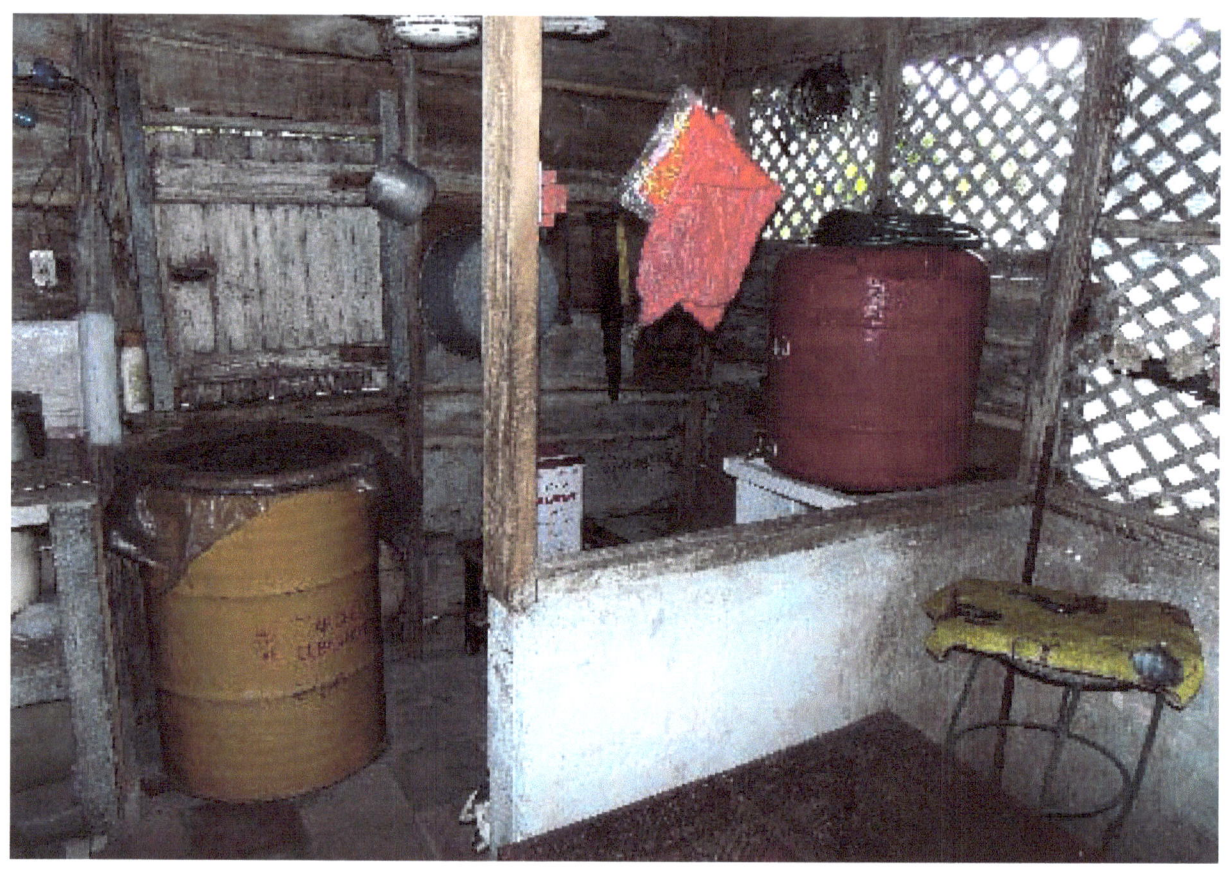

Otra parte de la cocina, donde almacenan agua potable

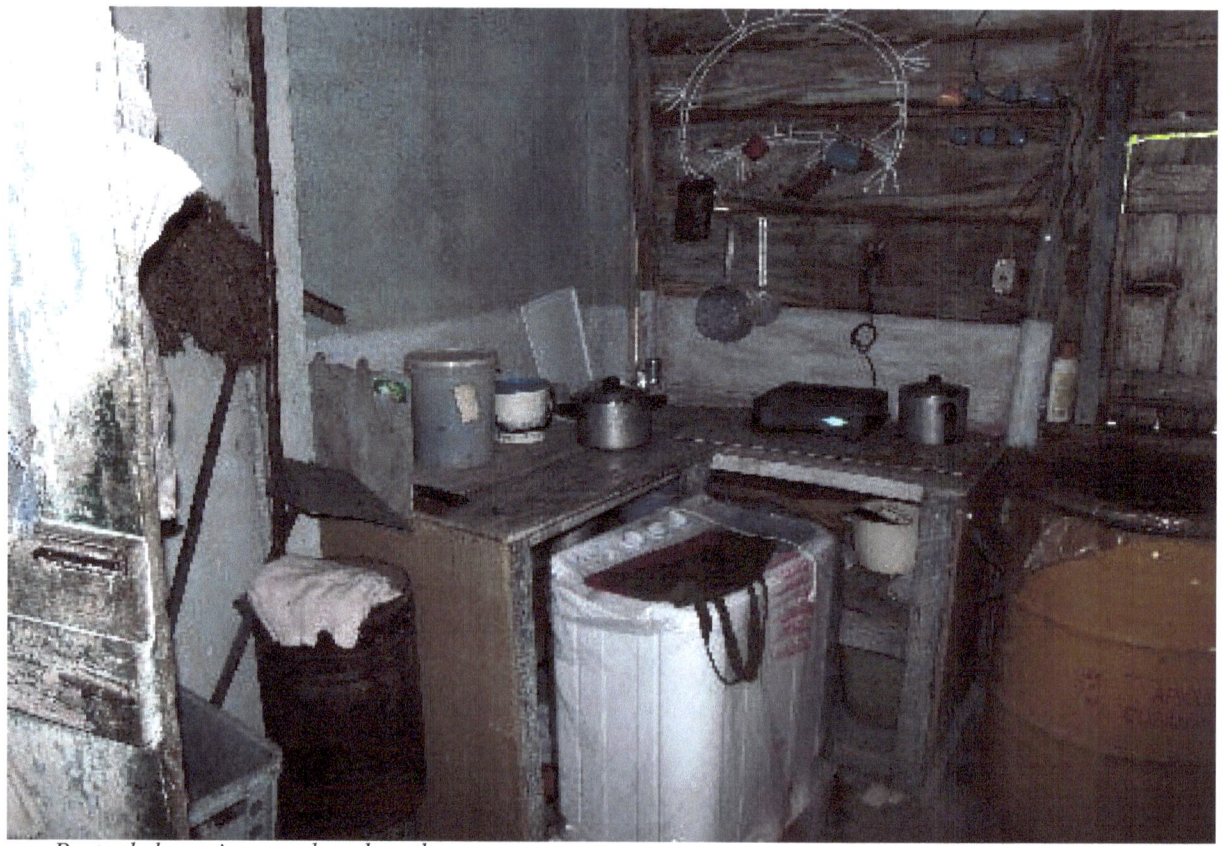

Parte de la cocina, con lavadora de ropa

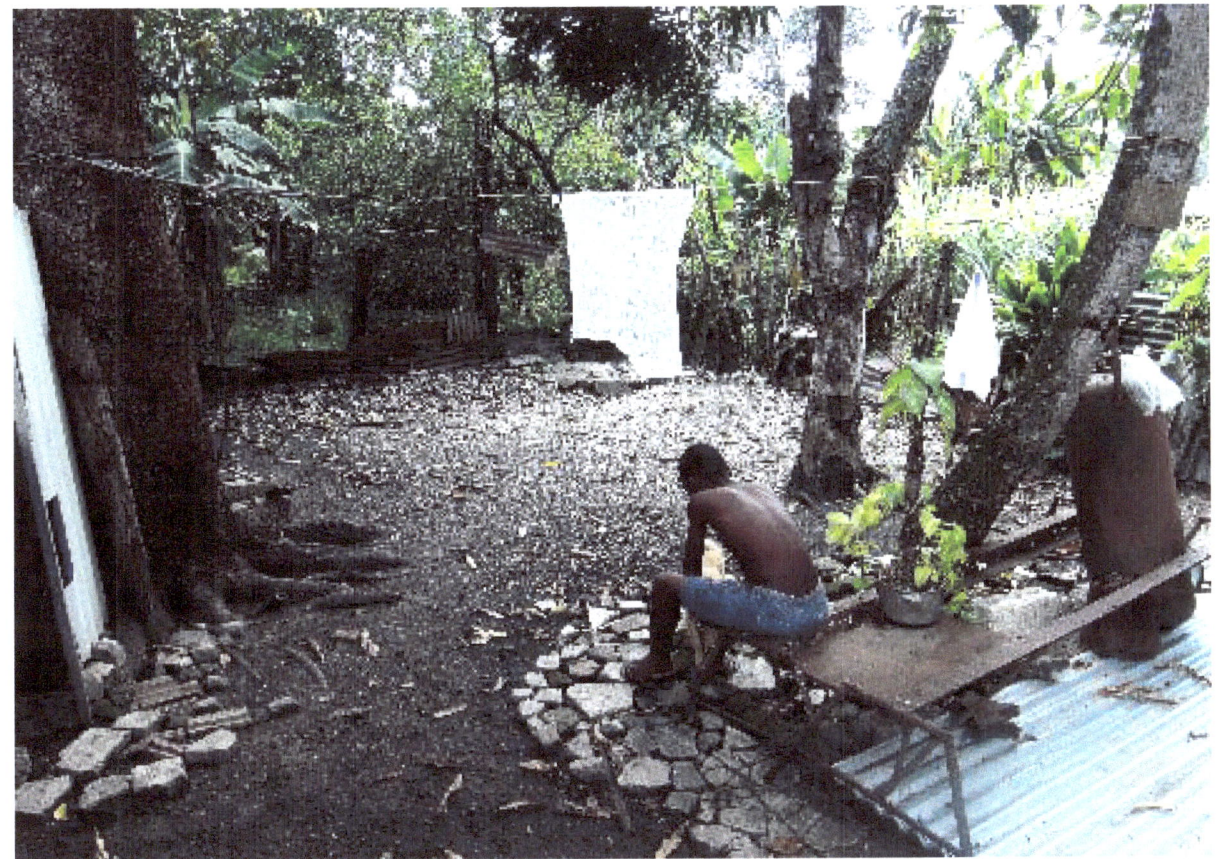

El niño con su perro en el patio

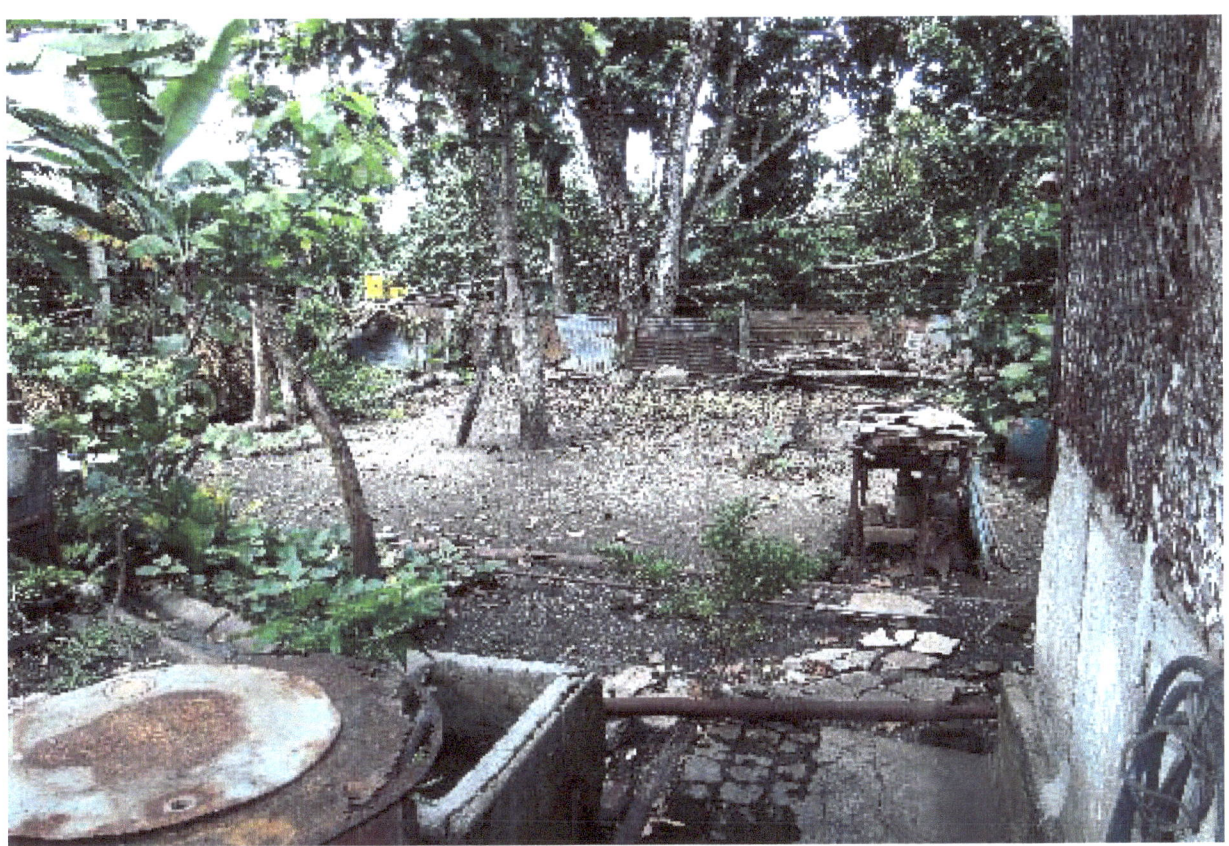

Patio

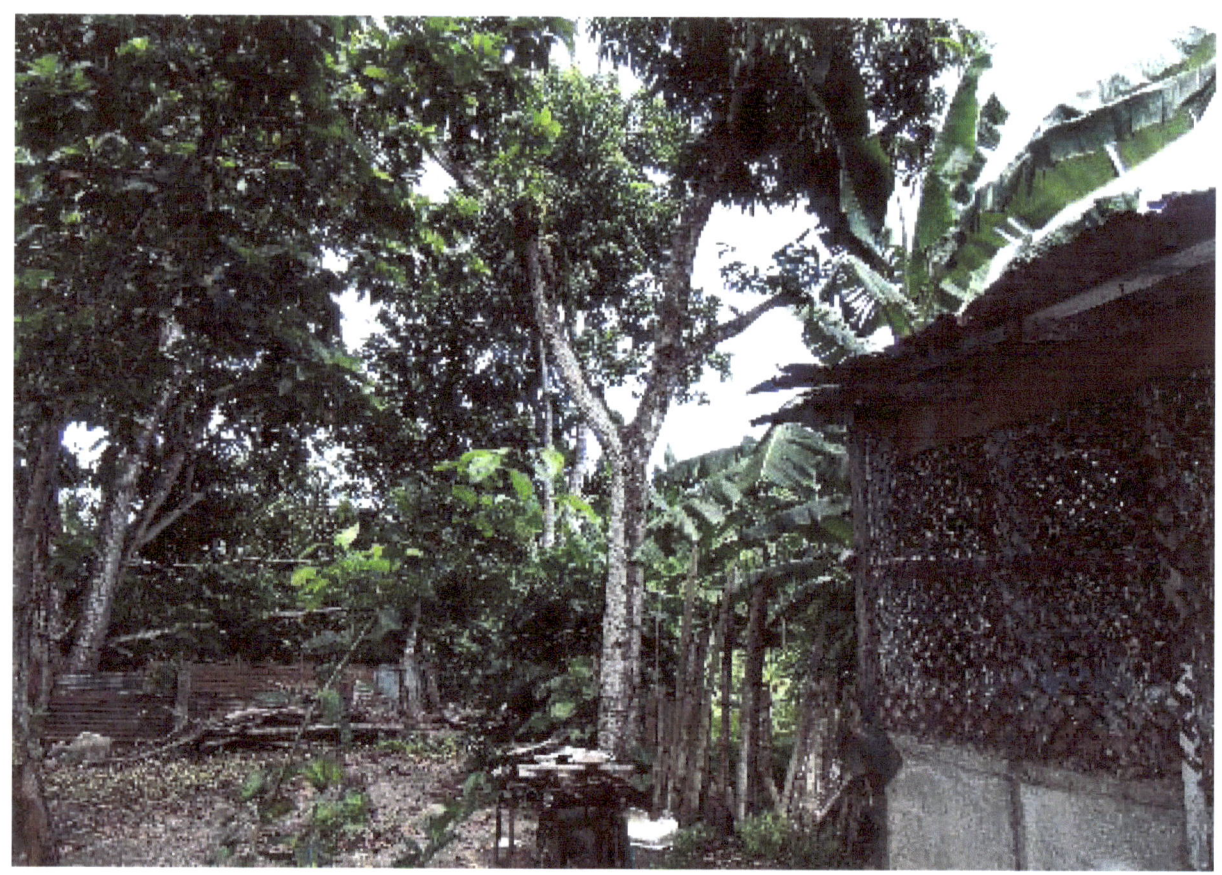

Patio

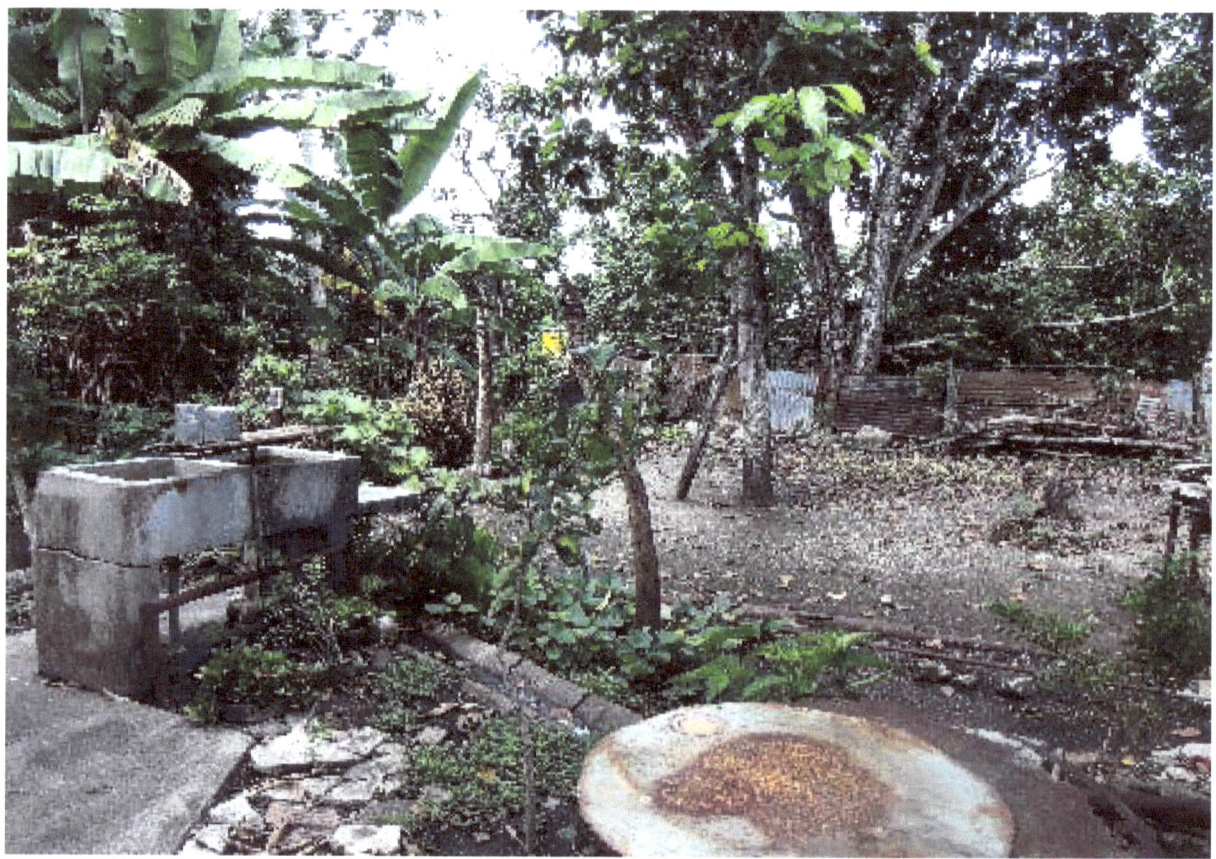

Patio

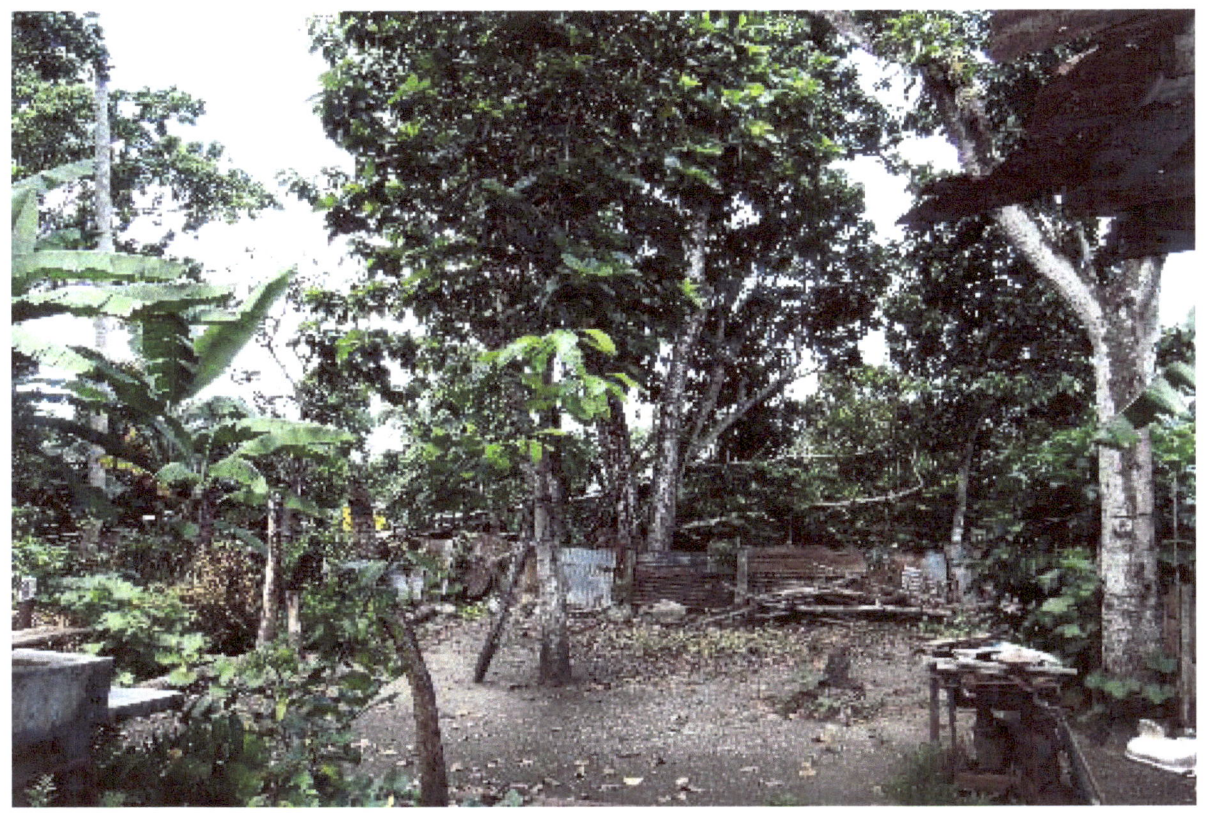

Patio

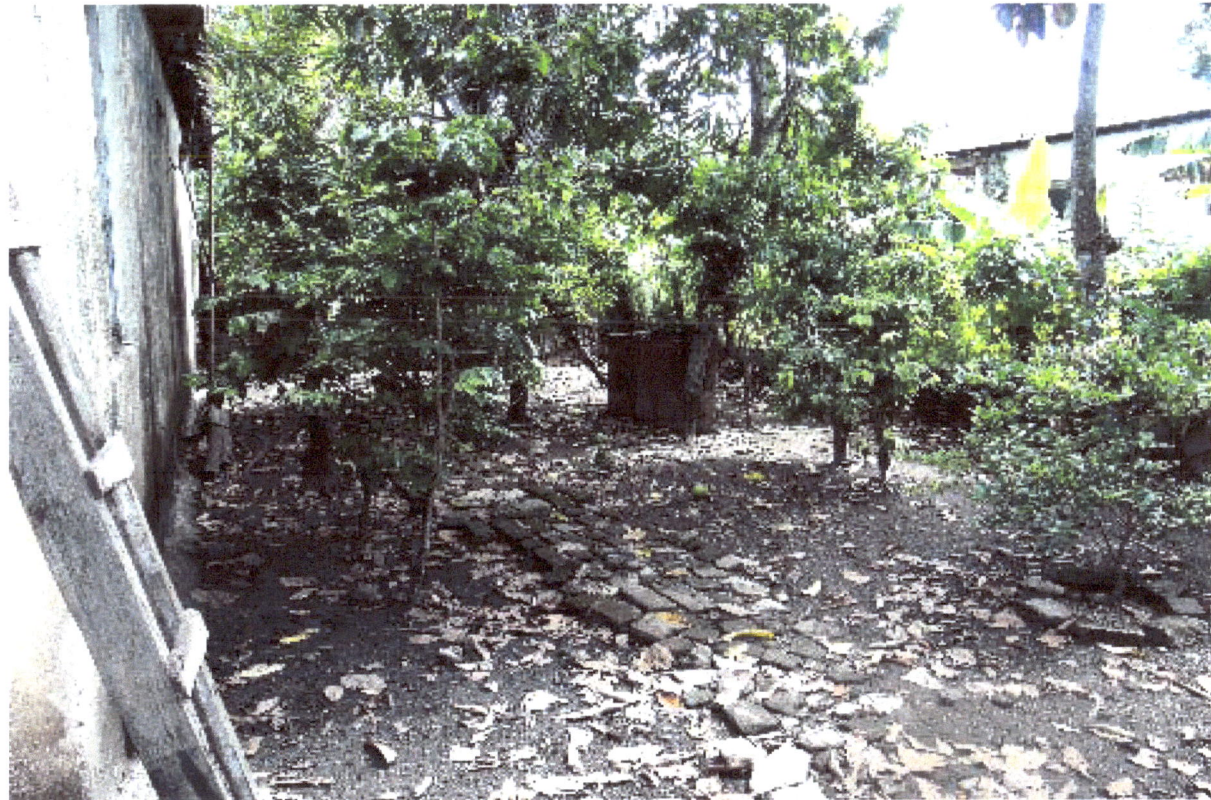

Patio

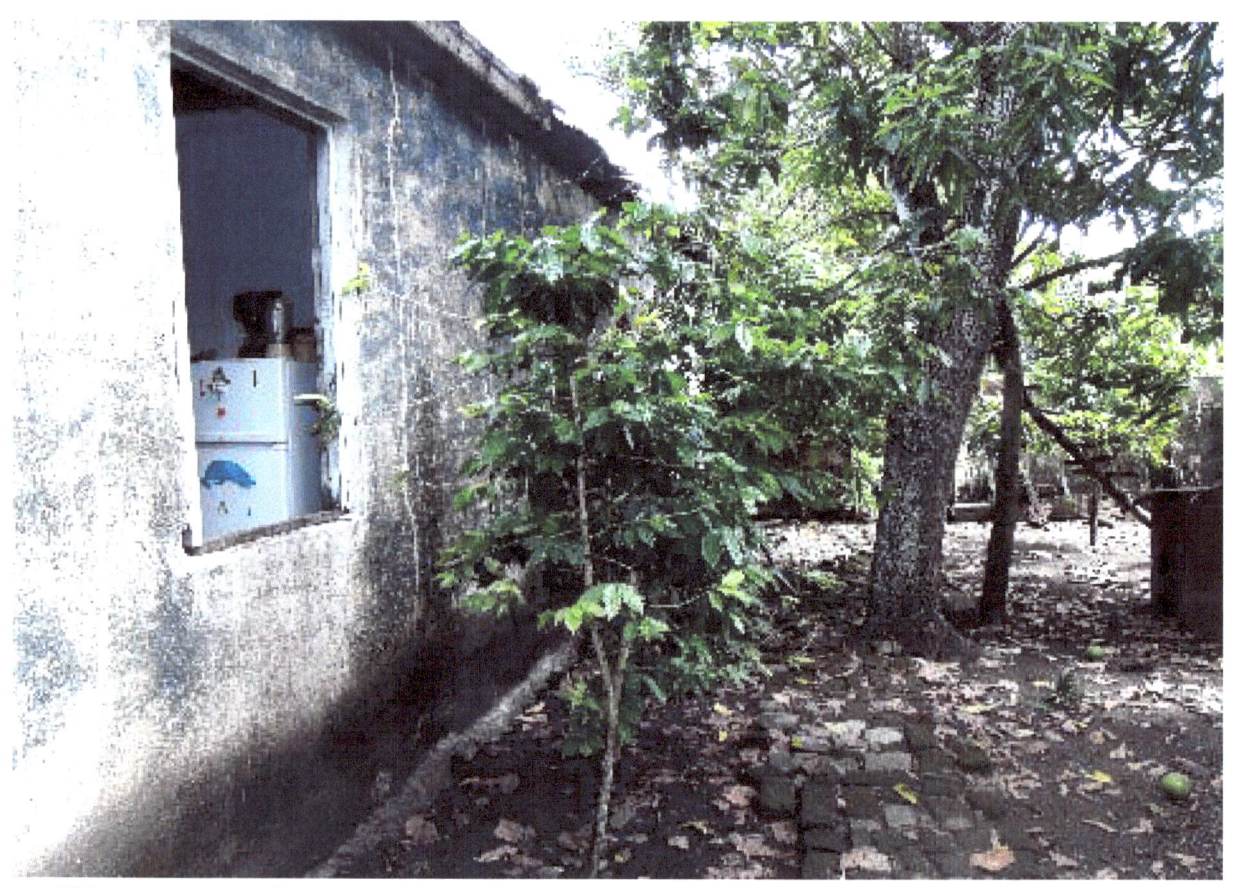

El limonero junto a la ventana del comedor

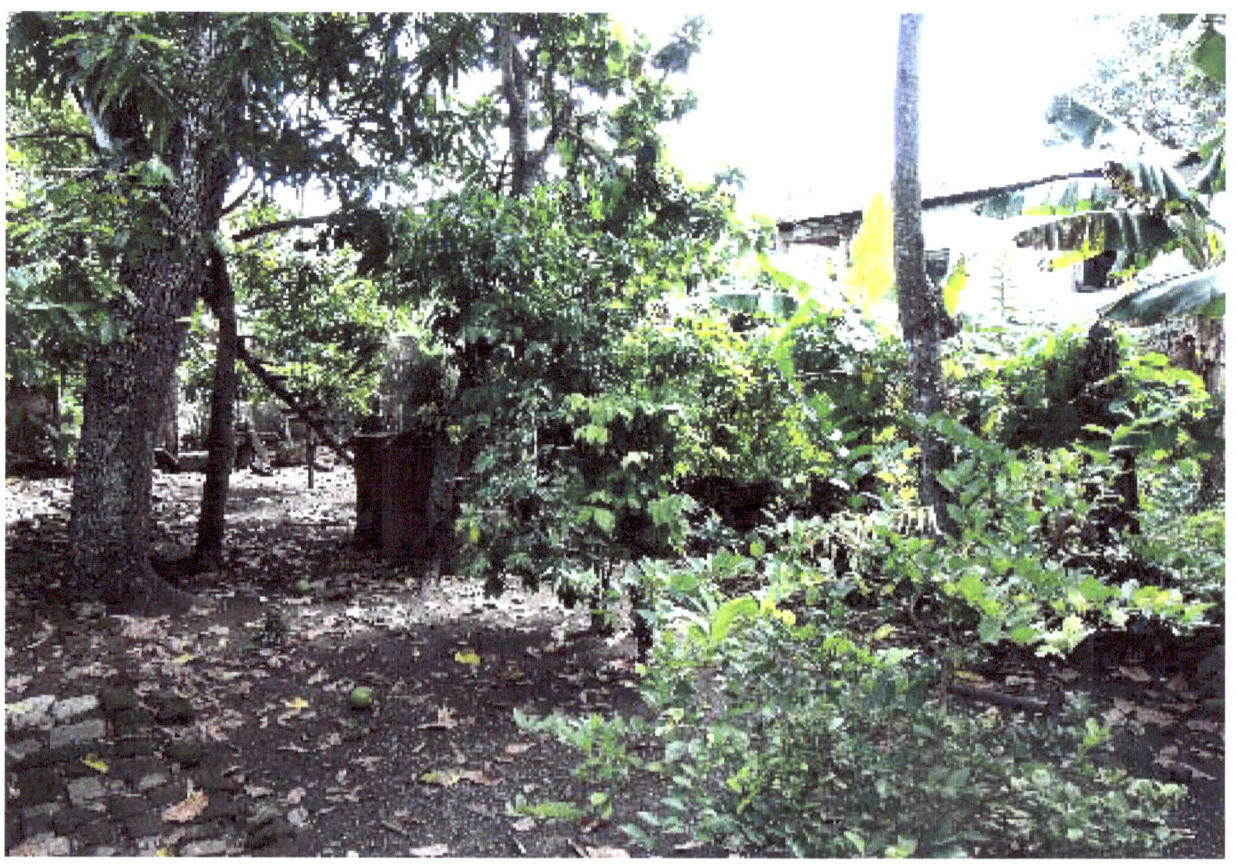

Los limones caidos en el patio

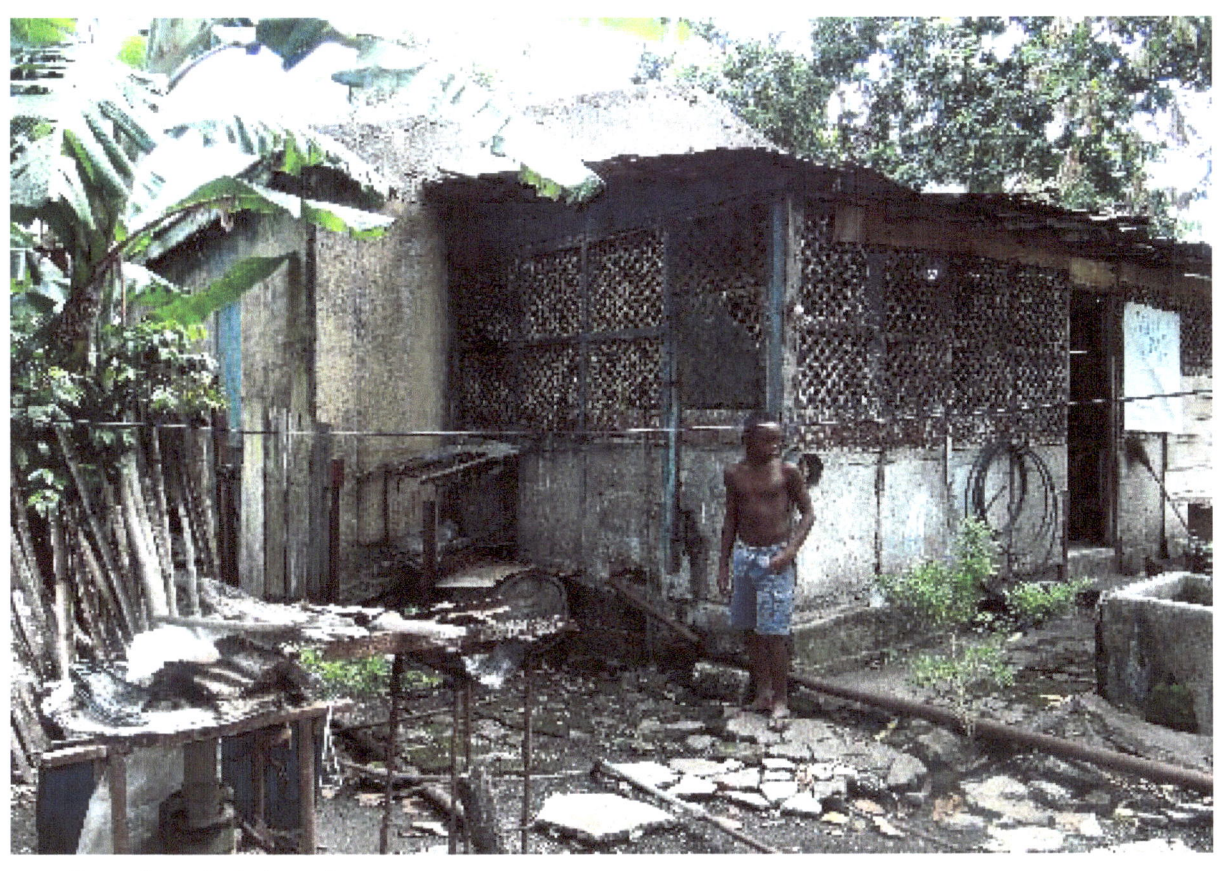

Parte de atrás de la cocina

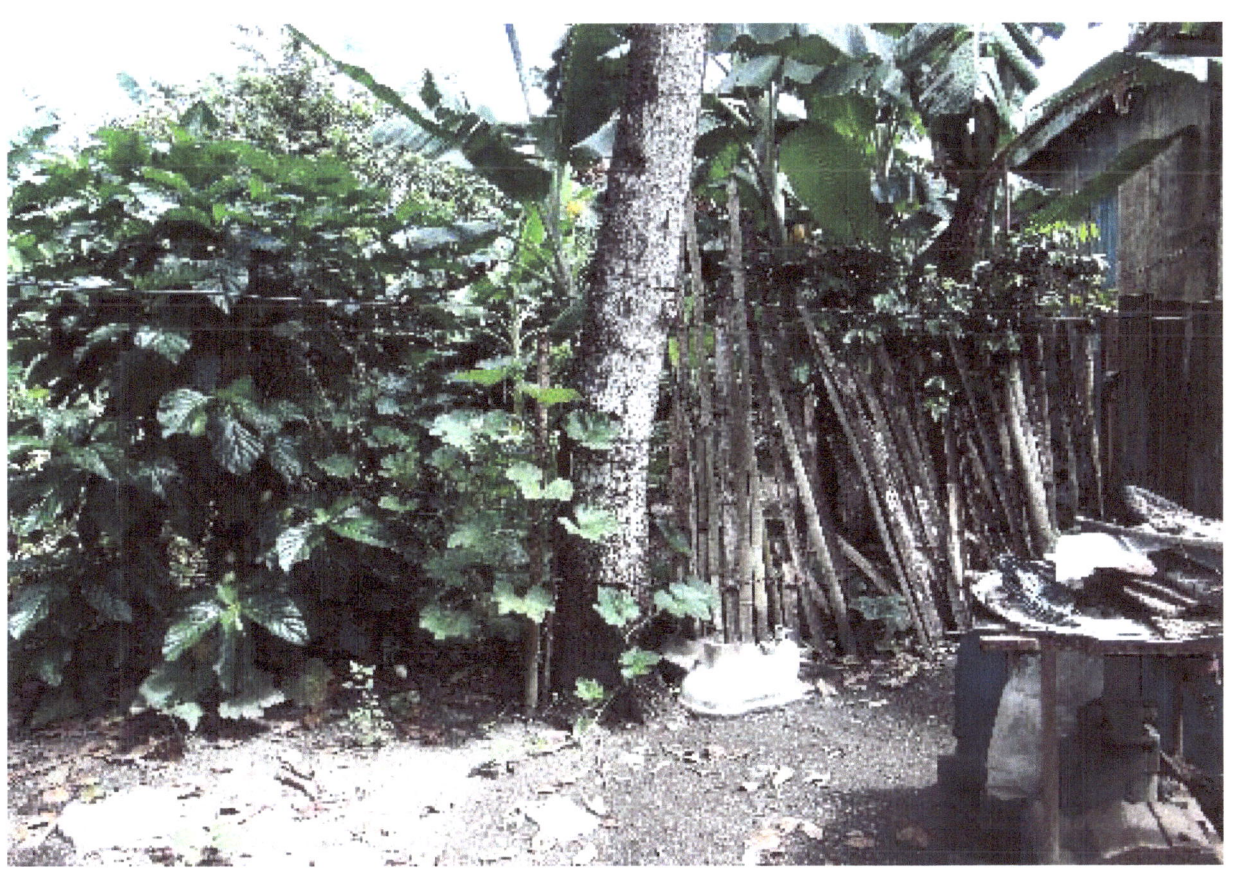

Otra vista del patio

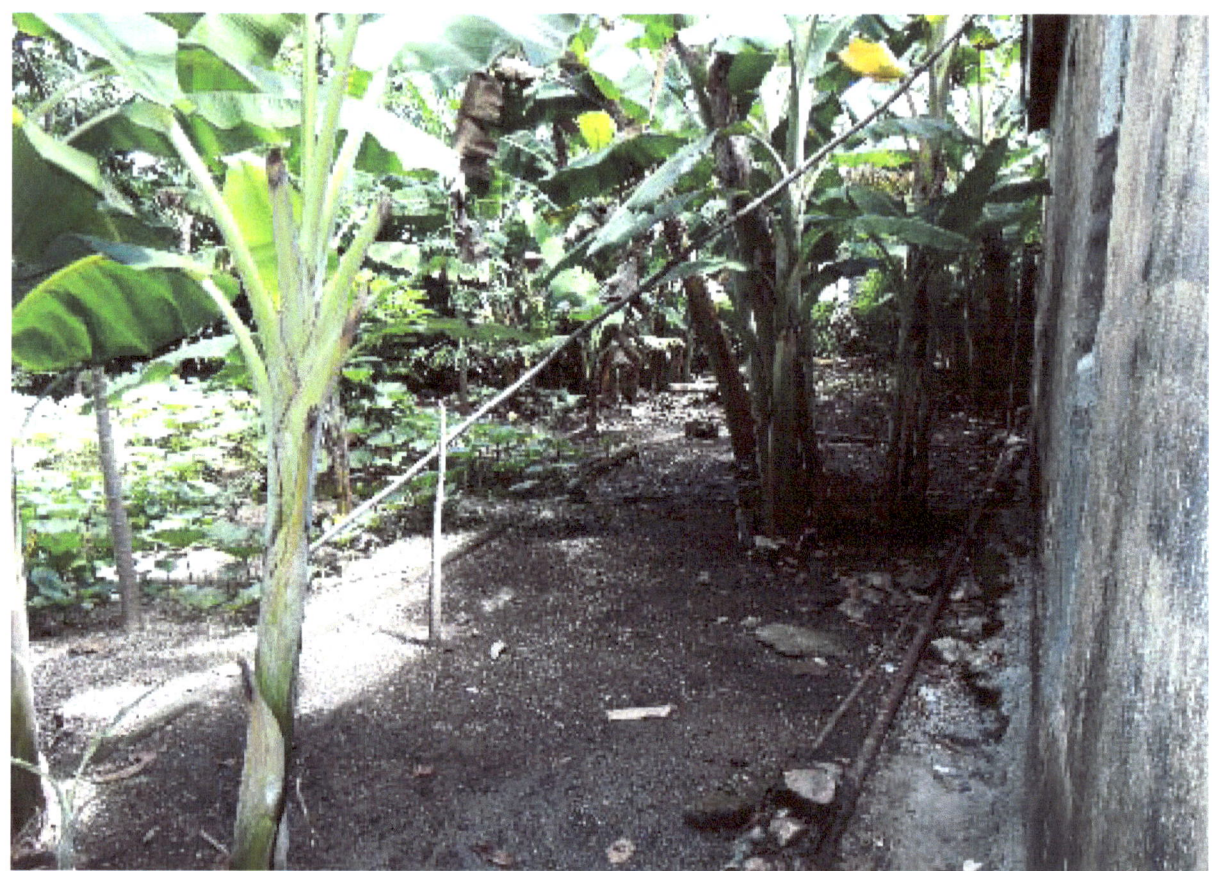

Otra vista del patio

EL PUEBLO

En este sitio, ahora tienda de abastecimientos de productos agrícolas, se encontraba la casa de la familia Mujica, que ha sido derrumbada debido a su mal estado, según pudo constatar Mark Rodgers en su visita de hace ya casi quince años. Y aunque en el pueblo han construido unos rústicos apartamentos de estilo prefabricado, feos, y sucios ahora, por falta de pintura, nada parece haber cambiado mucho. El cine, en apariencia nuevo, pues fue remozada su fachada y cambiadas las lunetas, es el mismo edificio del cine que existía antes, en los años cincuenta, y del que era administrador Emilito Sánchez, el hijo de mi tía abuela María Pascual, y que estaba casado entonces con Olga Martínez Cuza, sobrina de mi abuelo Sanso.

El encanto del batey sigue siendo sin duda la atmósfera que generan sus casitas ruinosas. repletas de los sueños de sus antepasados, sus jardincillos que nadie sembró, el jazmín del Cabo esparciéndose en las noches impúdicas del trópico, en medio de un suspiro o un adiós.

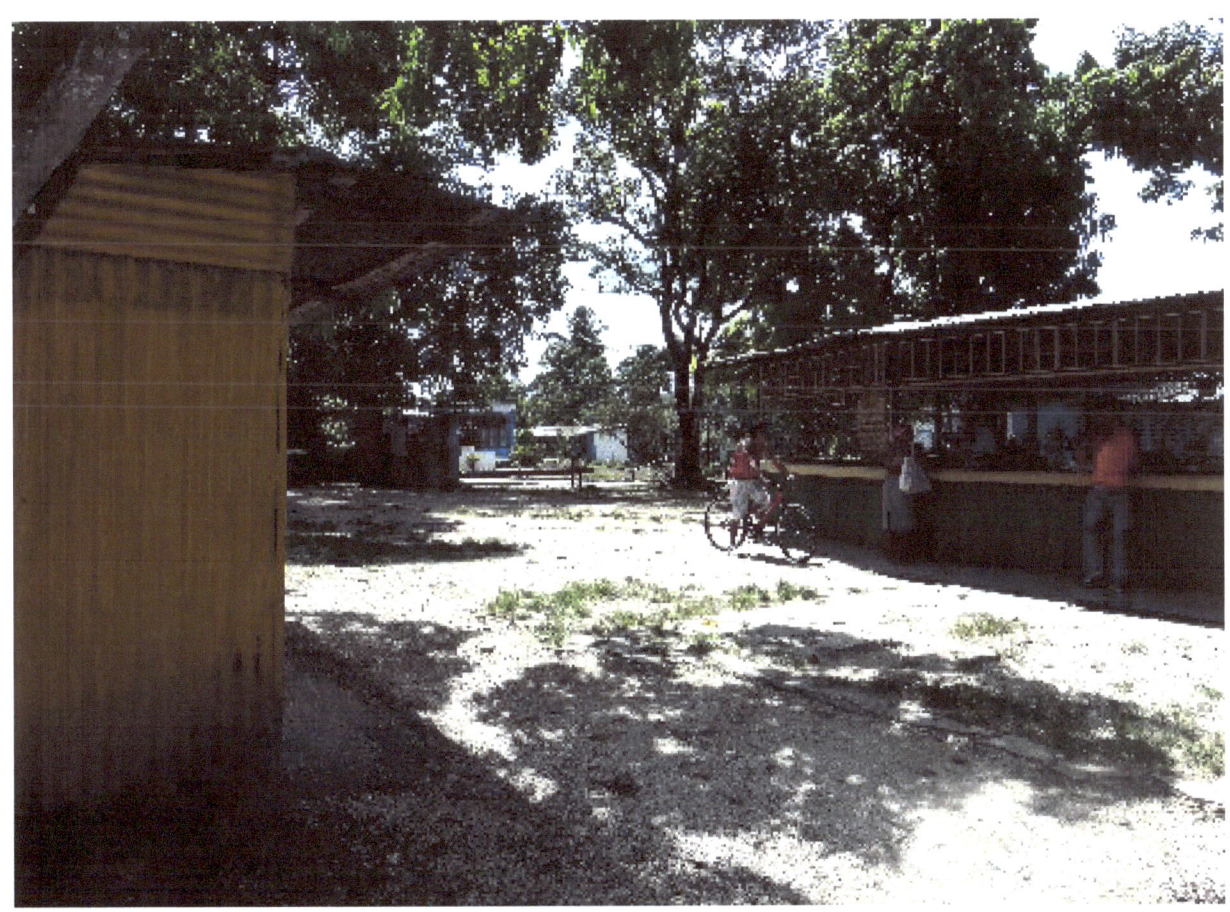

Aquí estaba la casa de los Mujica, hoy un agro mercado

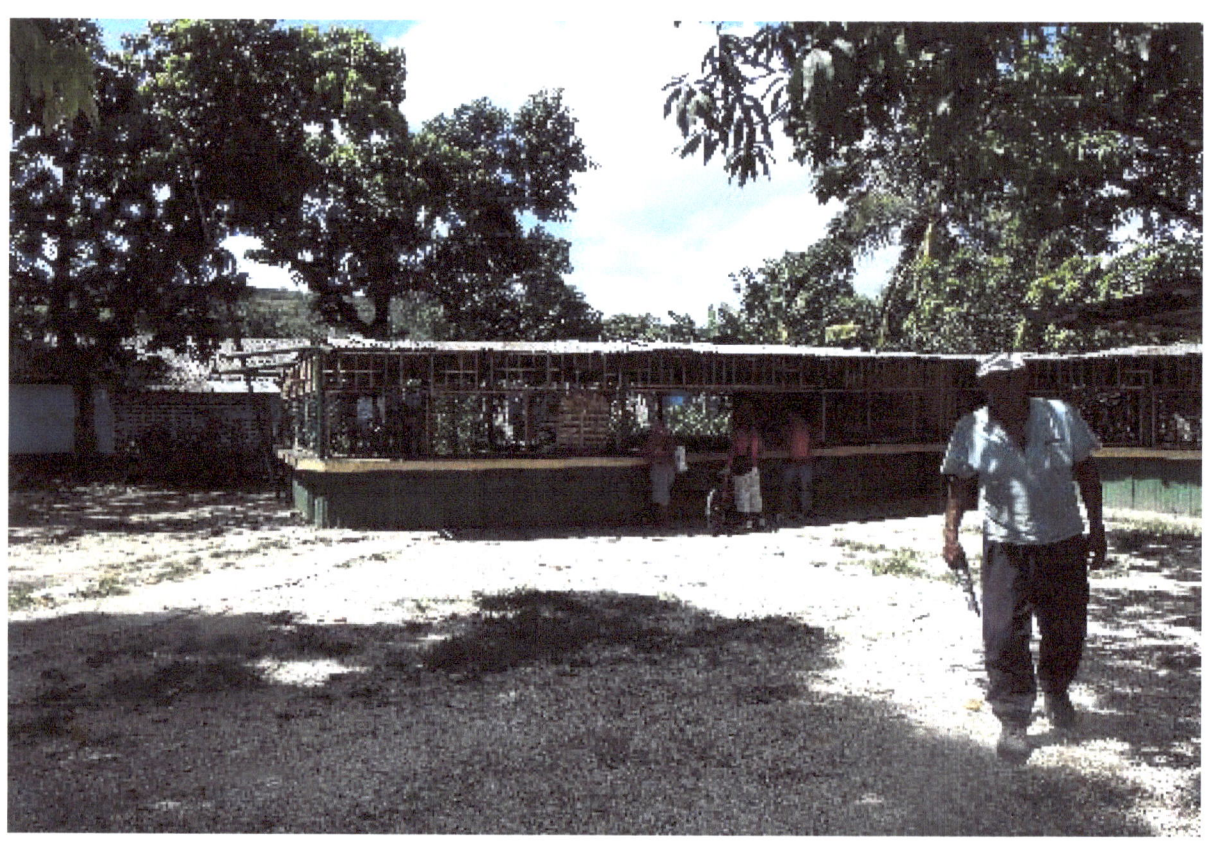

Donde estaba la casa de los Mujica, otra vista

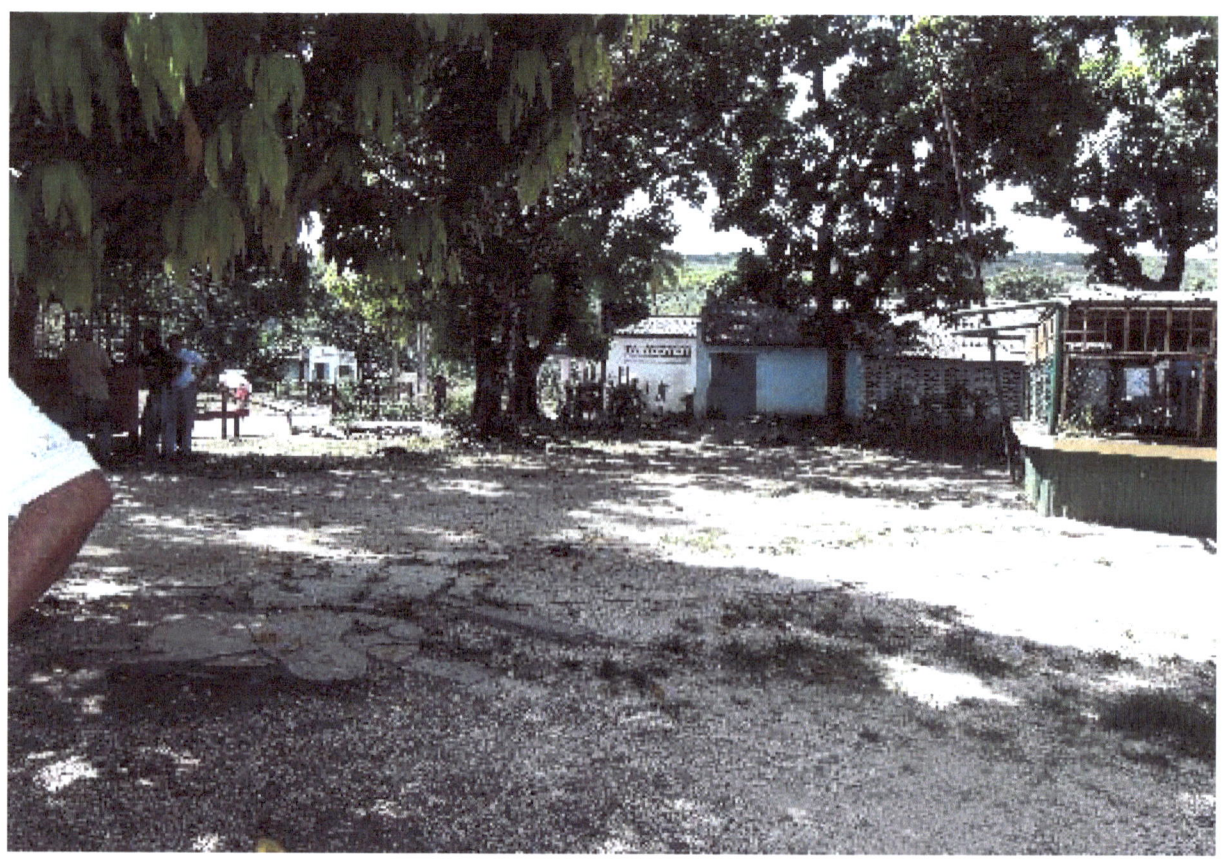

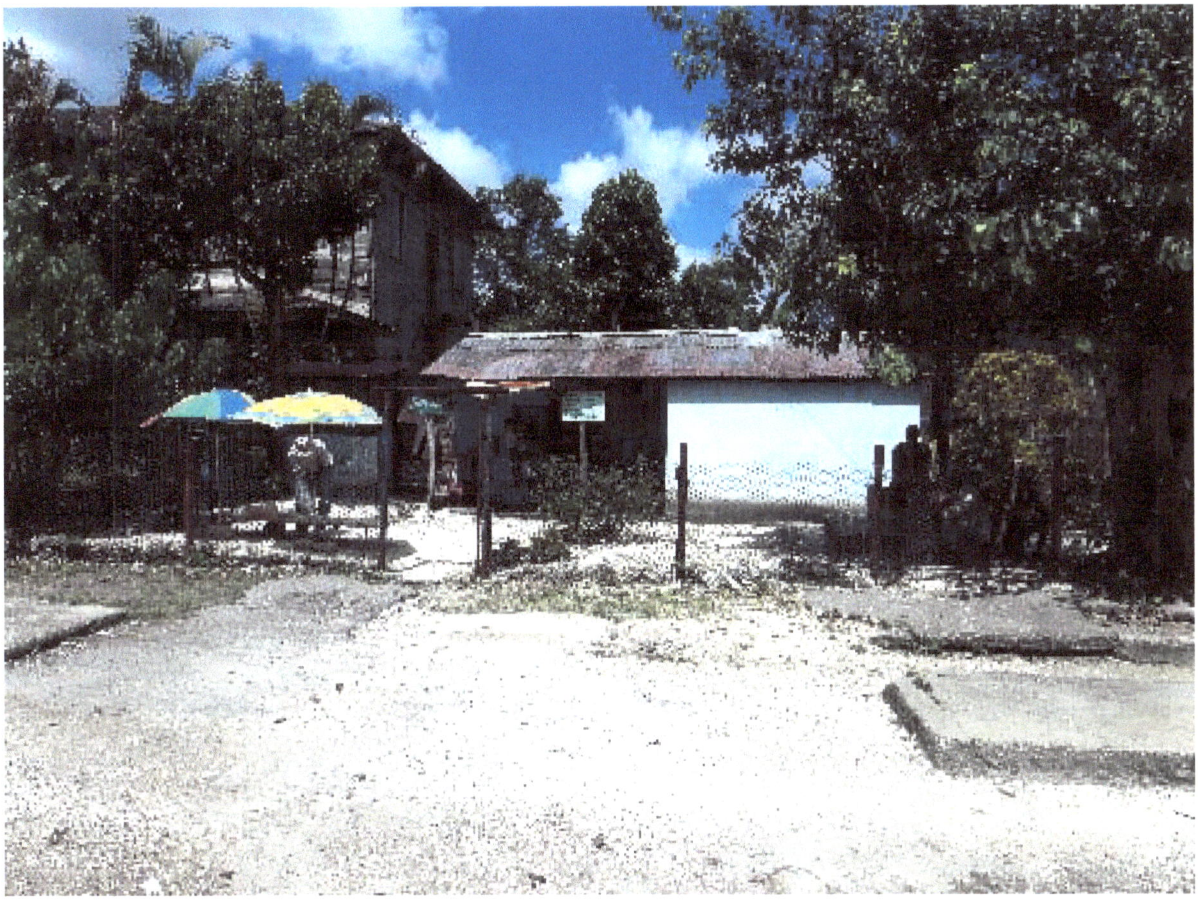

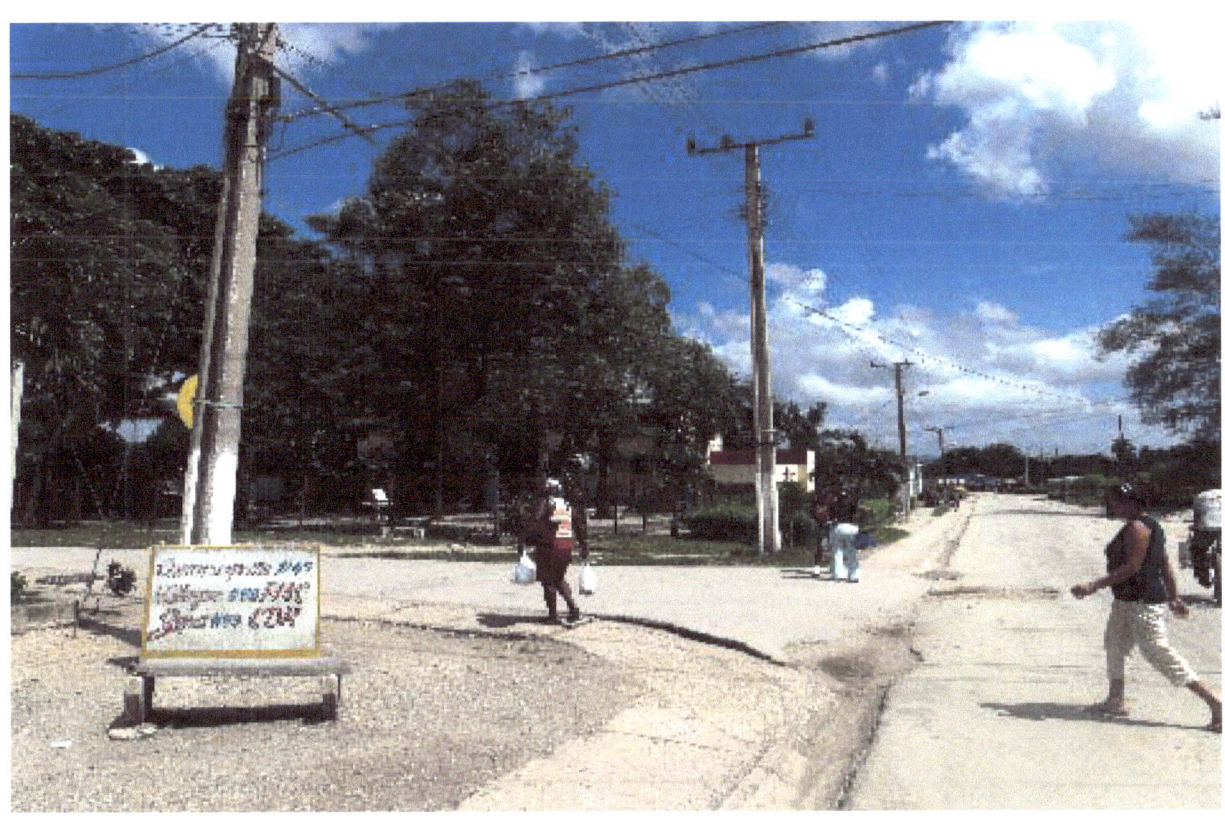

El cine, bautizado con el nombre ¨30 de noviembre¨

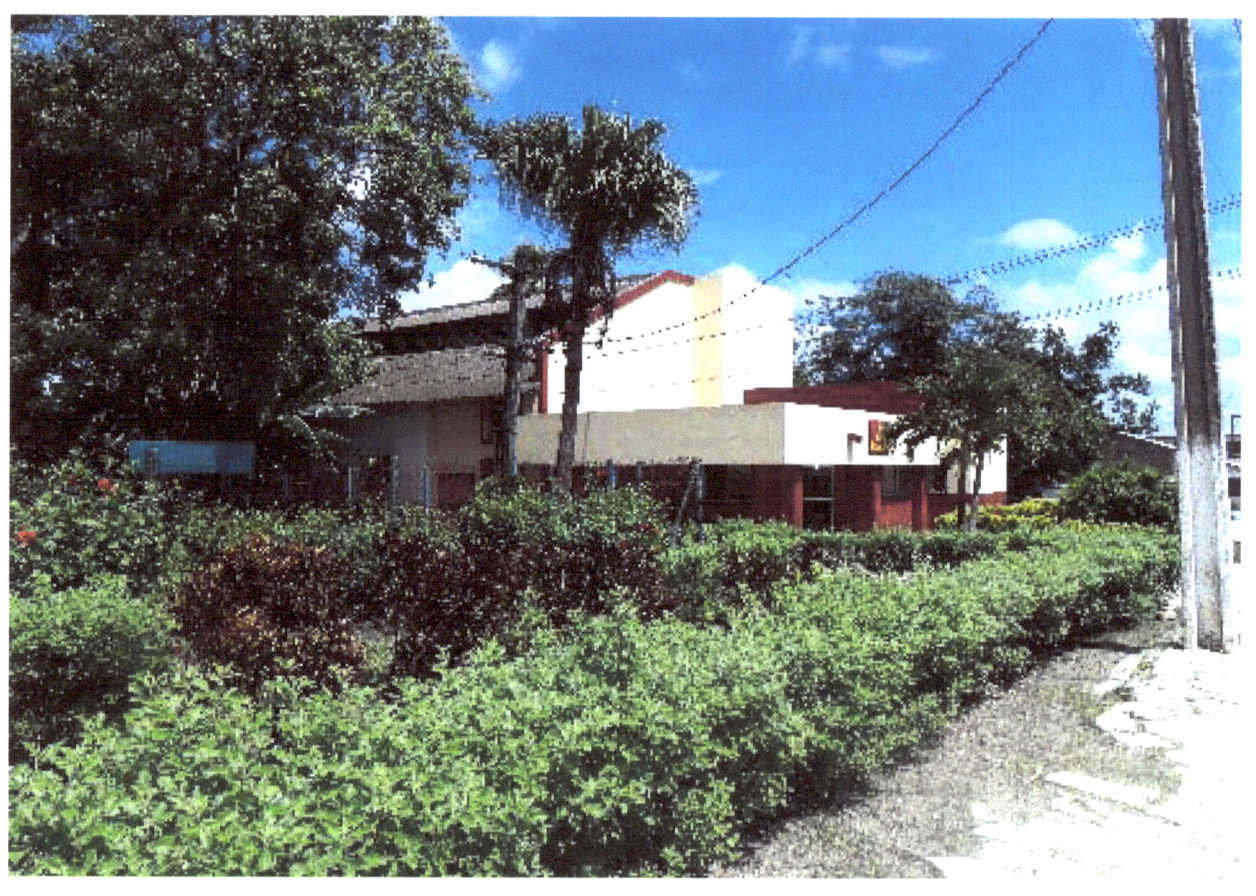

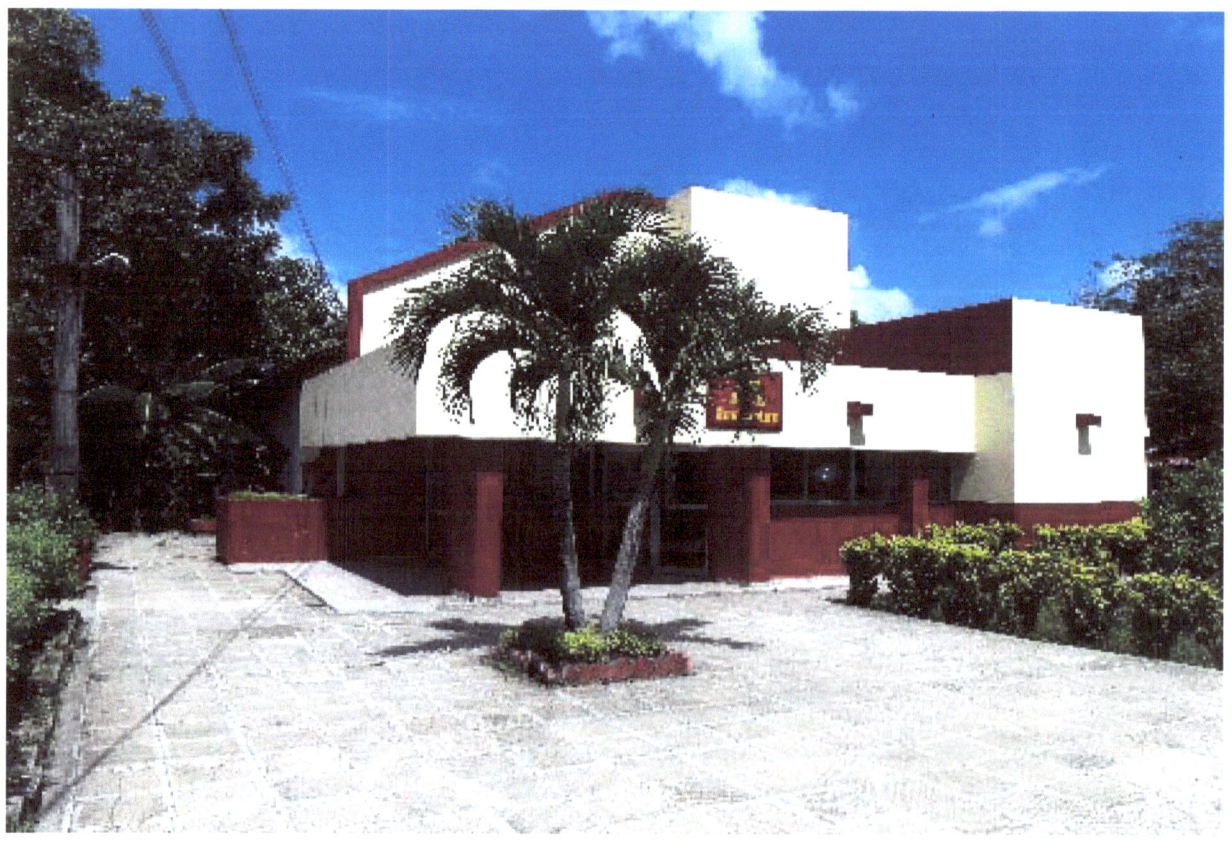

Entrada al cine

Placa colocada en el cine

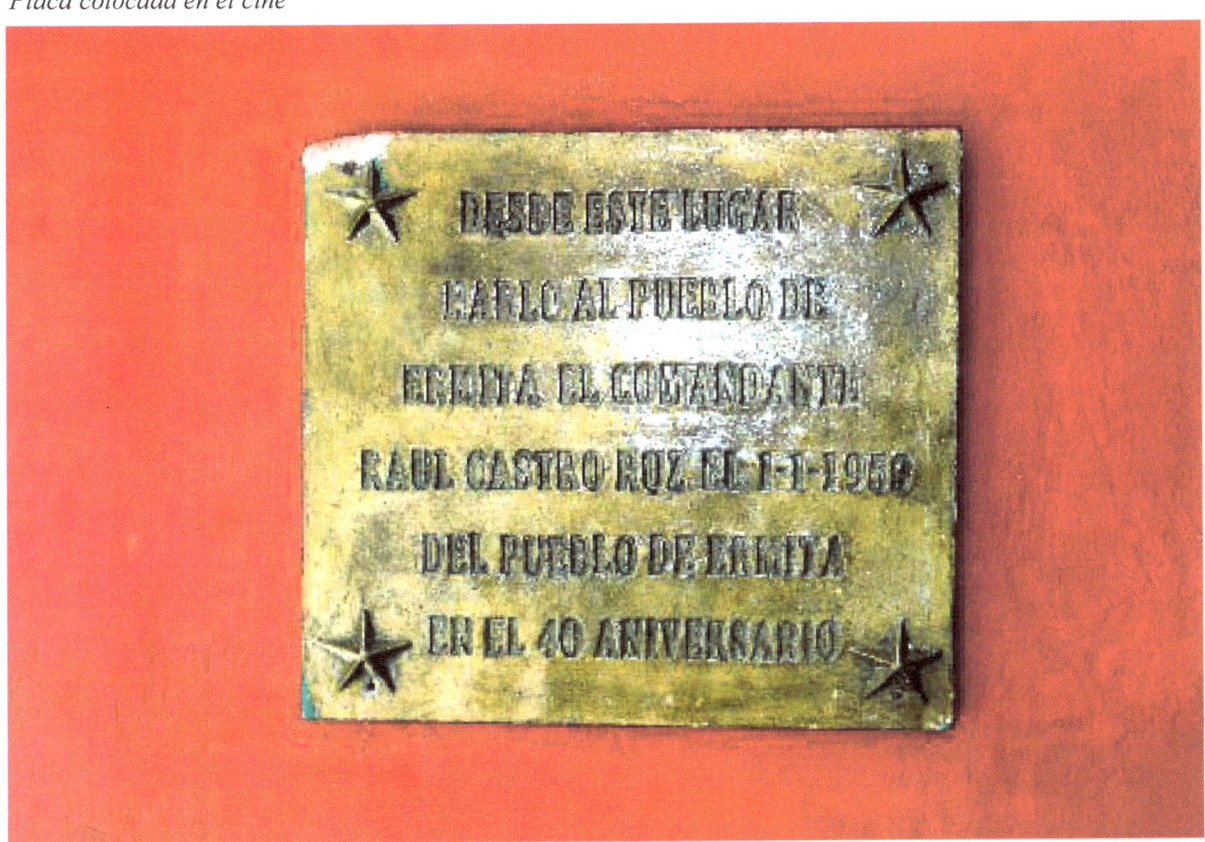

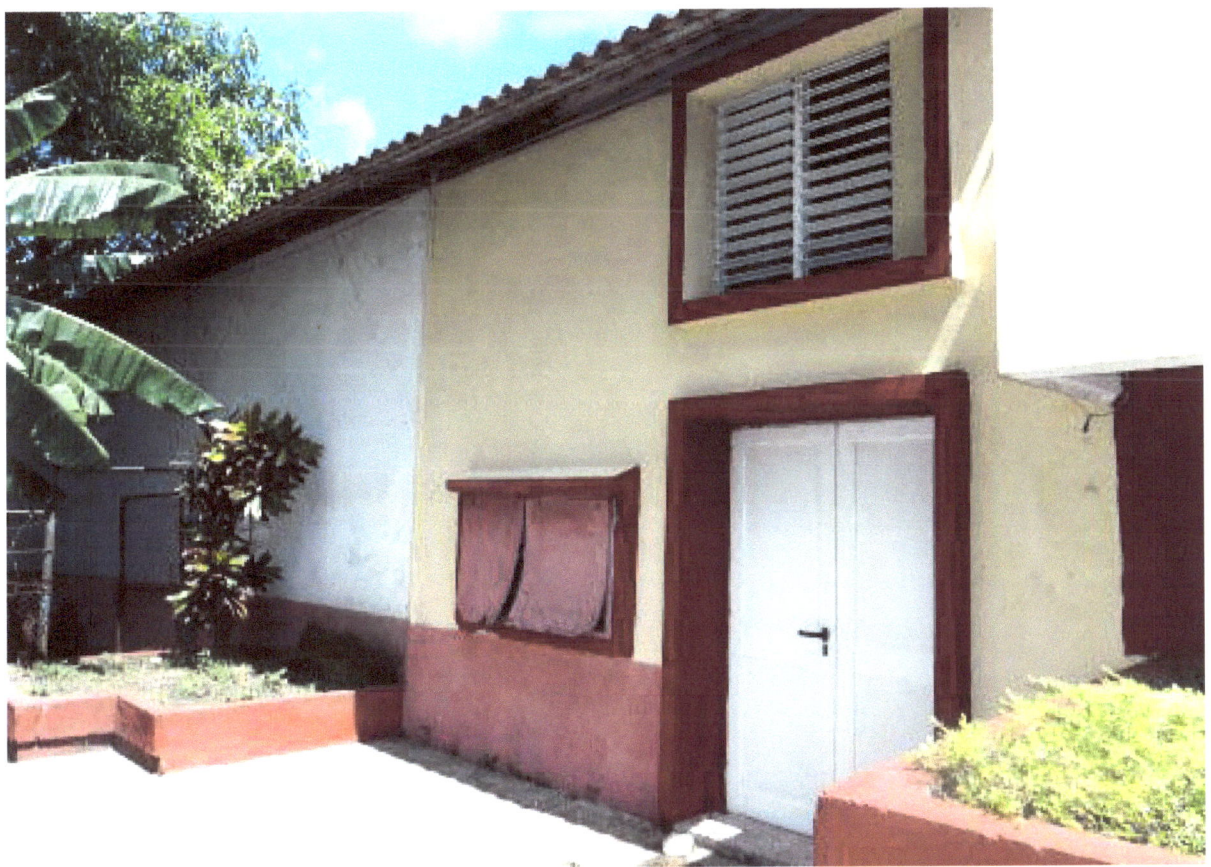

Parte de atrás del cine

Casa y piscina del hijo del antiguo dueño del central Ermita.Ahora Círculo social azucarero

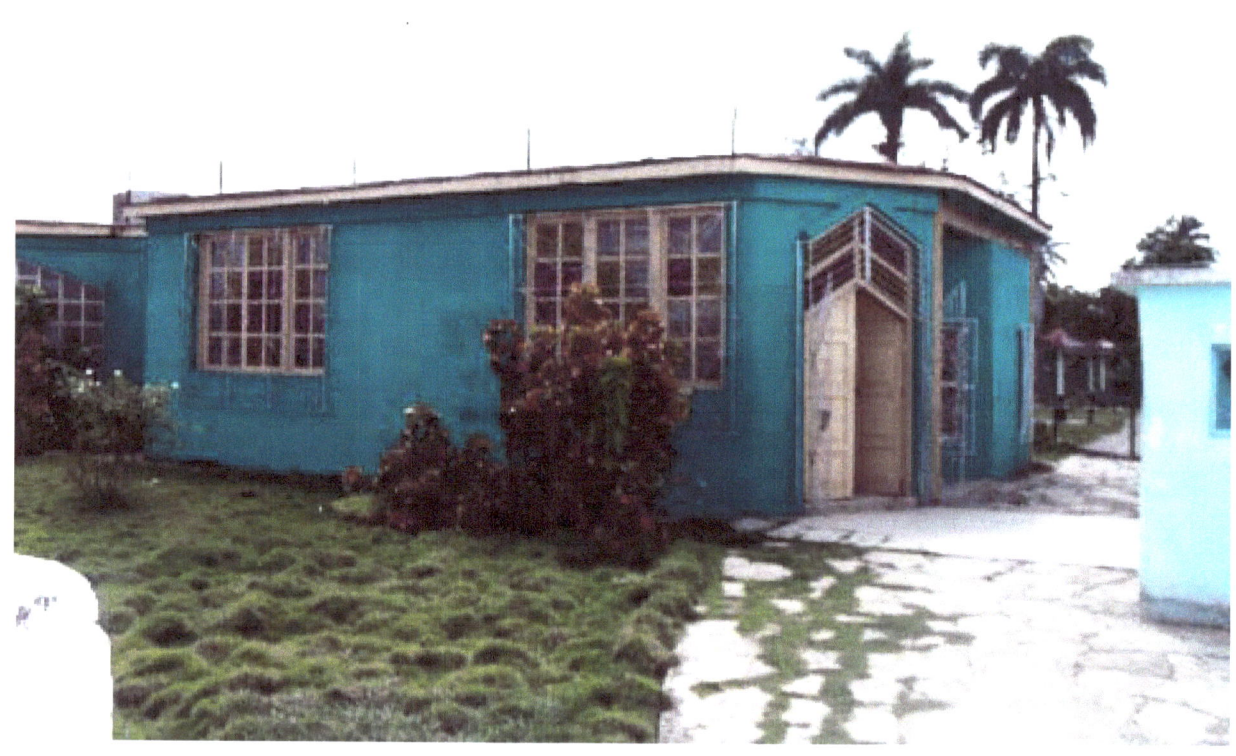

Piscina de la casa

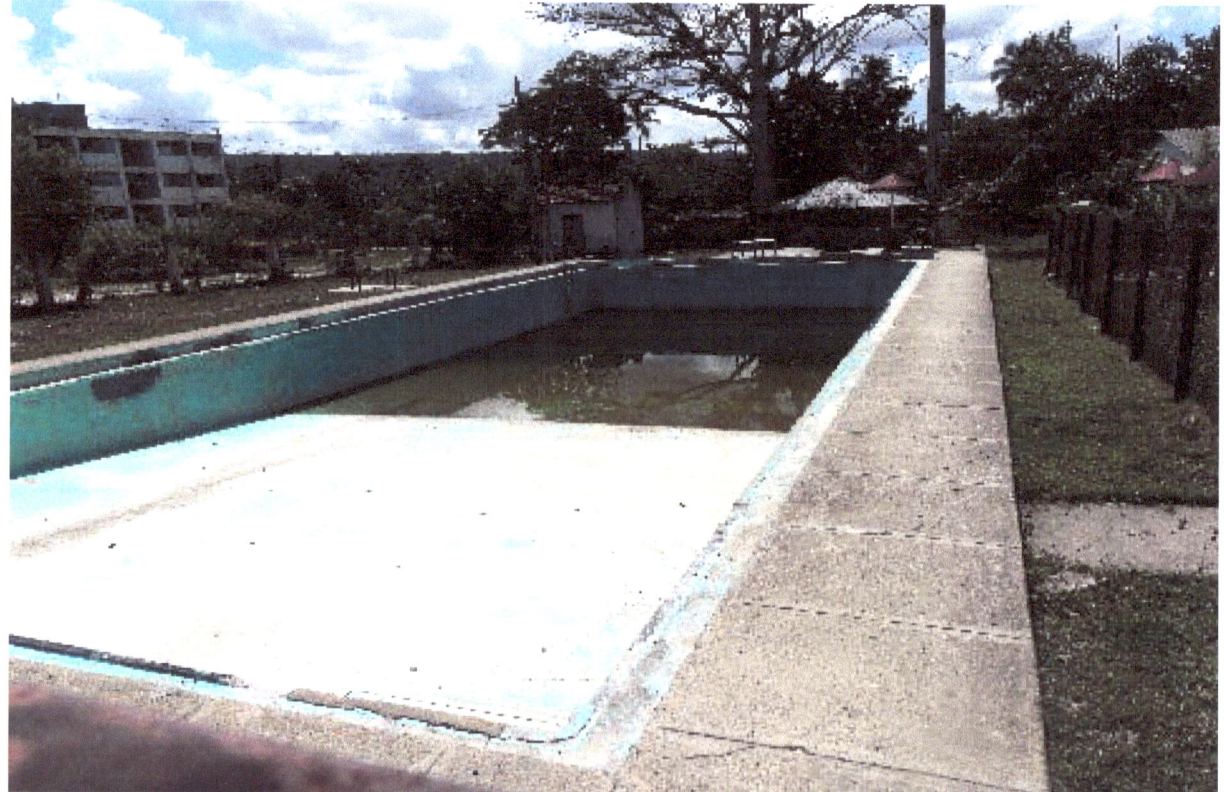

Piscina en total abandono

La piscina abandonada. Otro ángulo

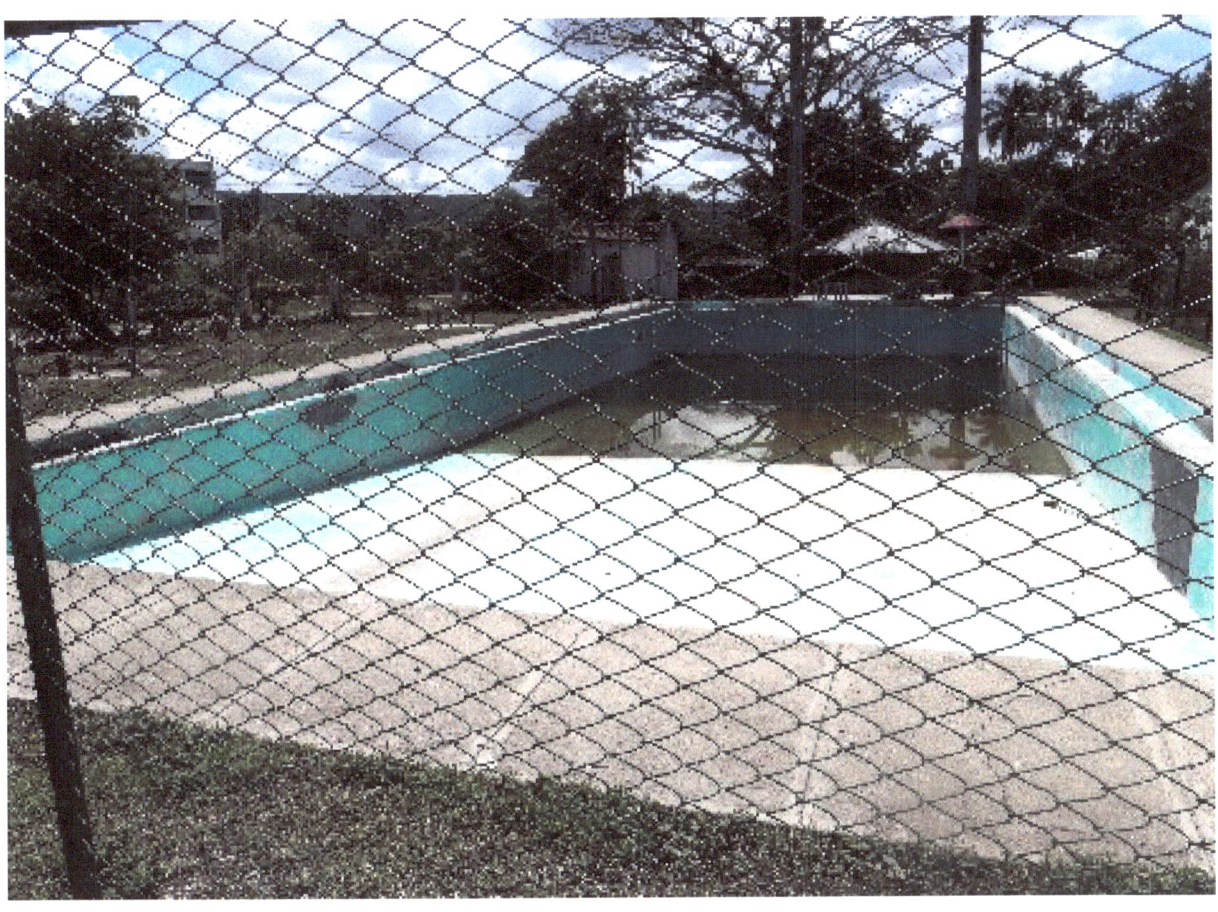

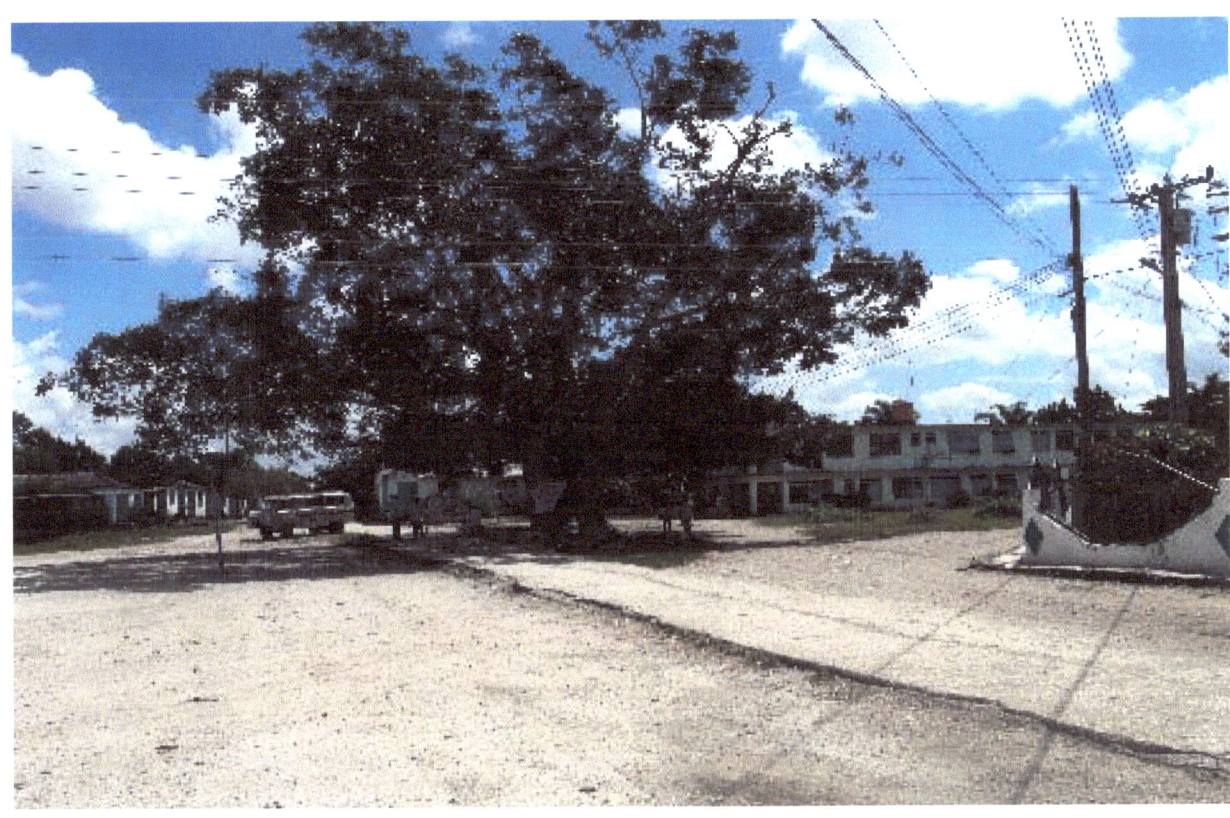

Los apartamentos de estilo prefabricado. Lo único nuevo, pero feos y descuidados

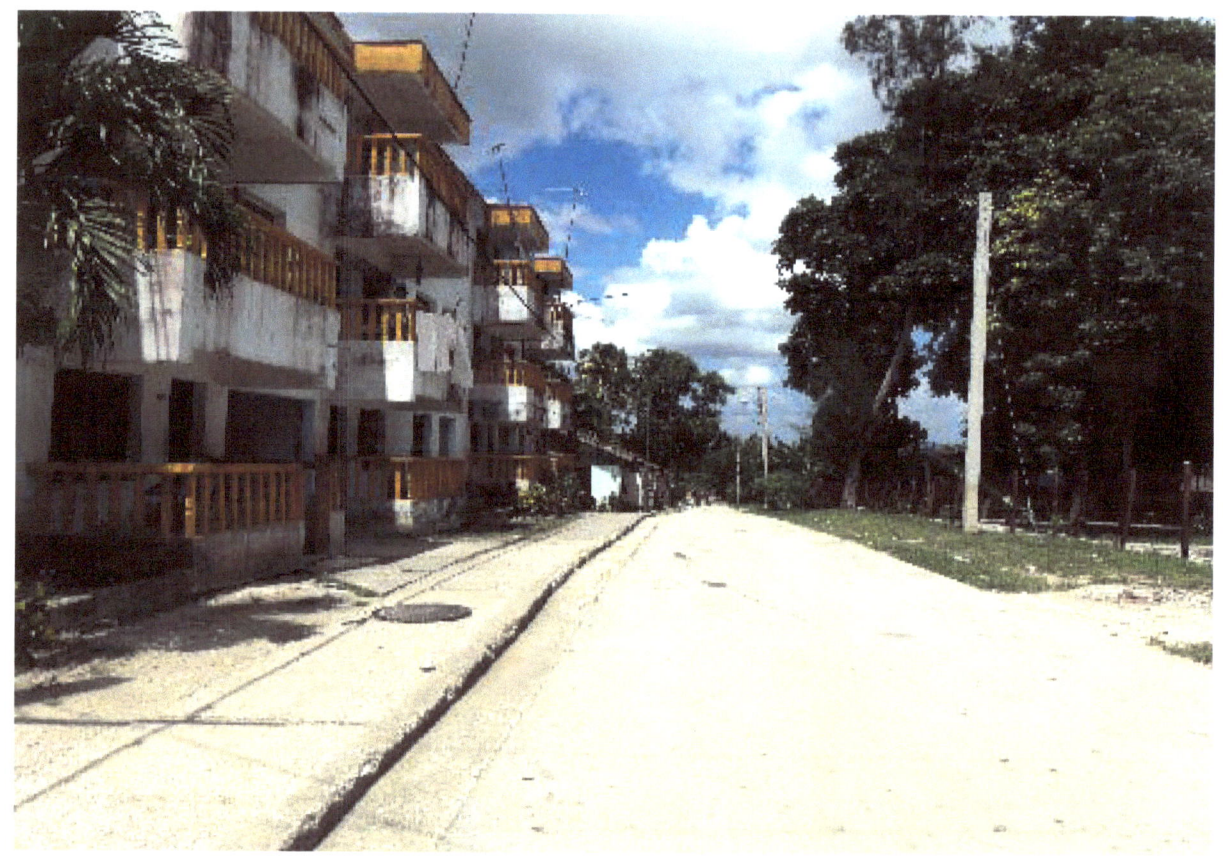

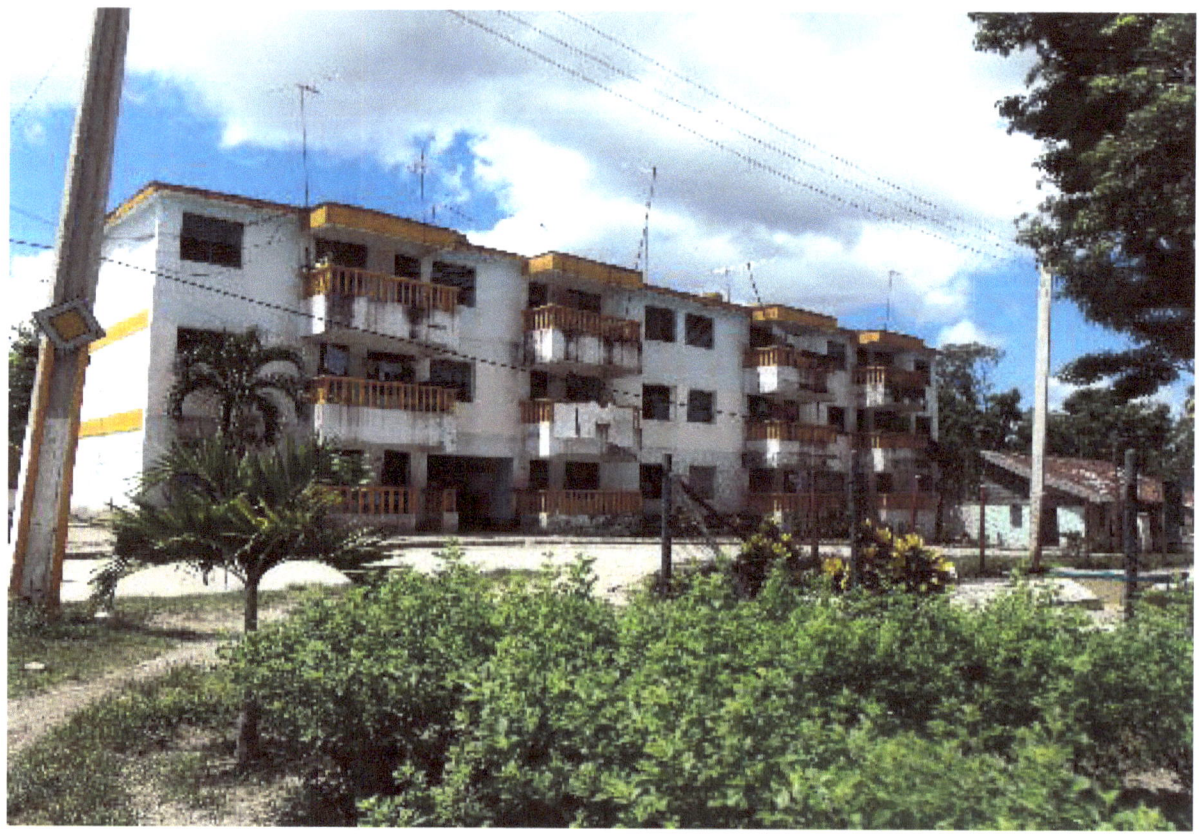

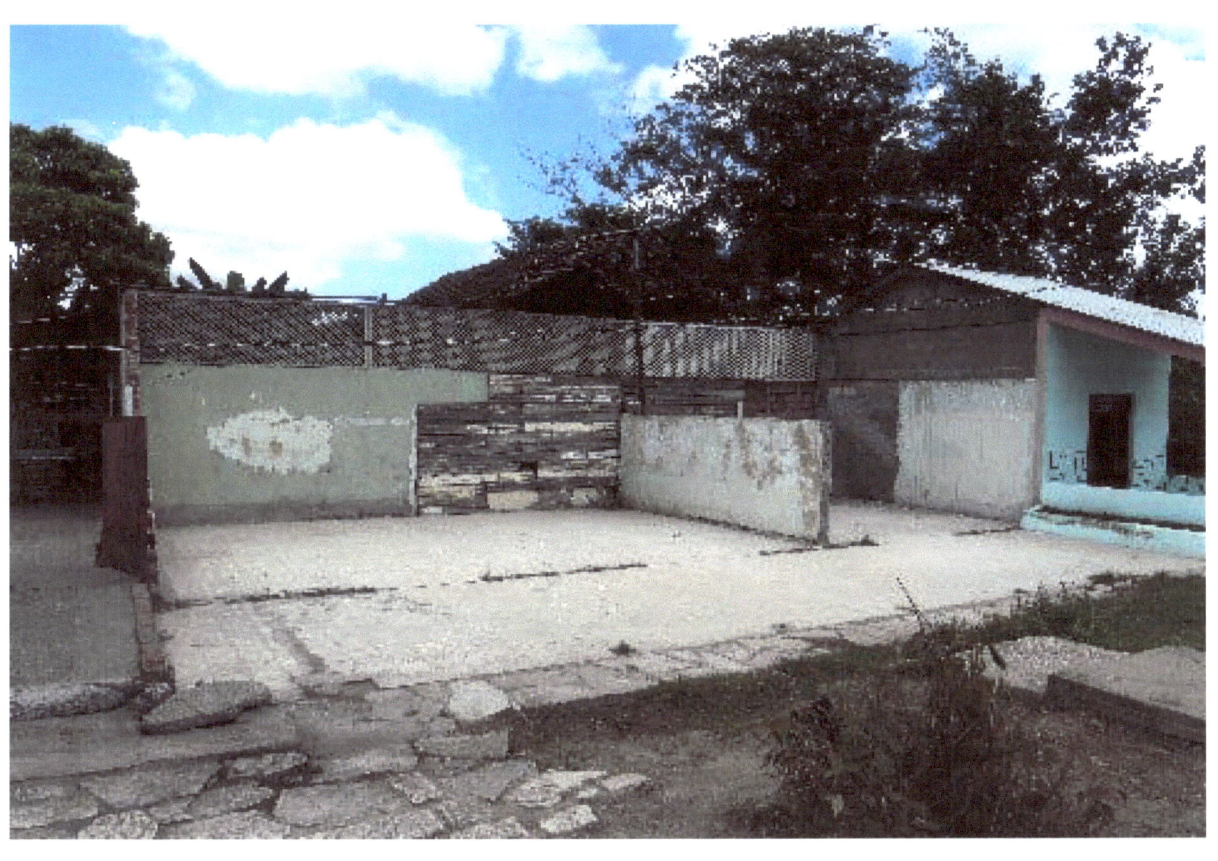

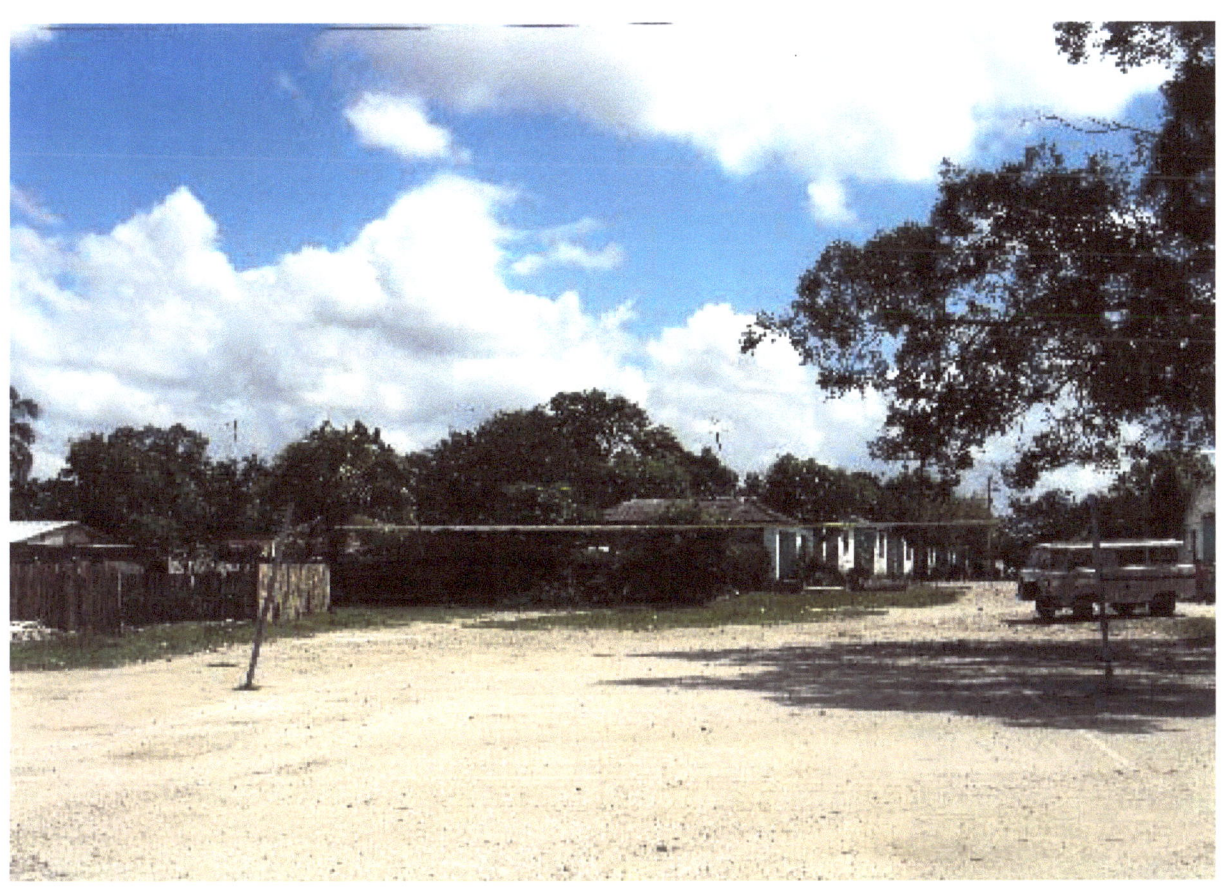

EL CAMINO DE REGRESO:
EL PAISAJE

En el camino de regreso a Guantánamo, Jose contempla y fotografía el mismo paisaje que en 1999 deslumbrase a Mark Rodgers, el sobrino de Hugo Mujica. El tiempo parecería no transcurrir para
los viajeros. Han pasado casi quince años entre las visitas de Mark y Jose, pero ambos se marchan
con los mismos paisajes y las mismas ruinas en sus cámaras fotográficas. En el caso de Jose la cámara ha recogido un caserío aún más ruinoso, pues falta el central Ermita, que ya ha sido desmantelado en su totalidad, y sólo queda en pie, como testigo de la tragedia, una chimenea que puede caerse en cualquier momento.
Ermita se llama Costa Rica desde que en 1974 el gobierno le cambió el nombre a los centrales azucareros. Pero ahora es sólo eso, un signo para los escasos viajeros que llegan a este pueblo que alguna vez tuvo vida y chimeneas humeantes y olor a jazmín y a melaza.

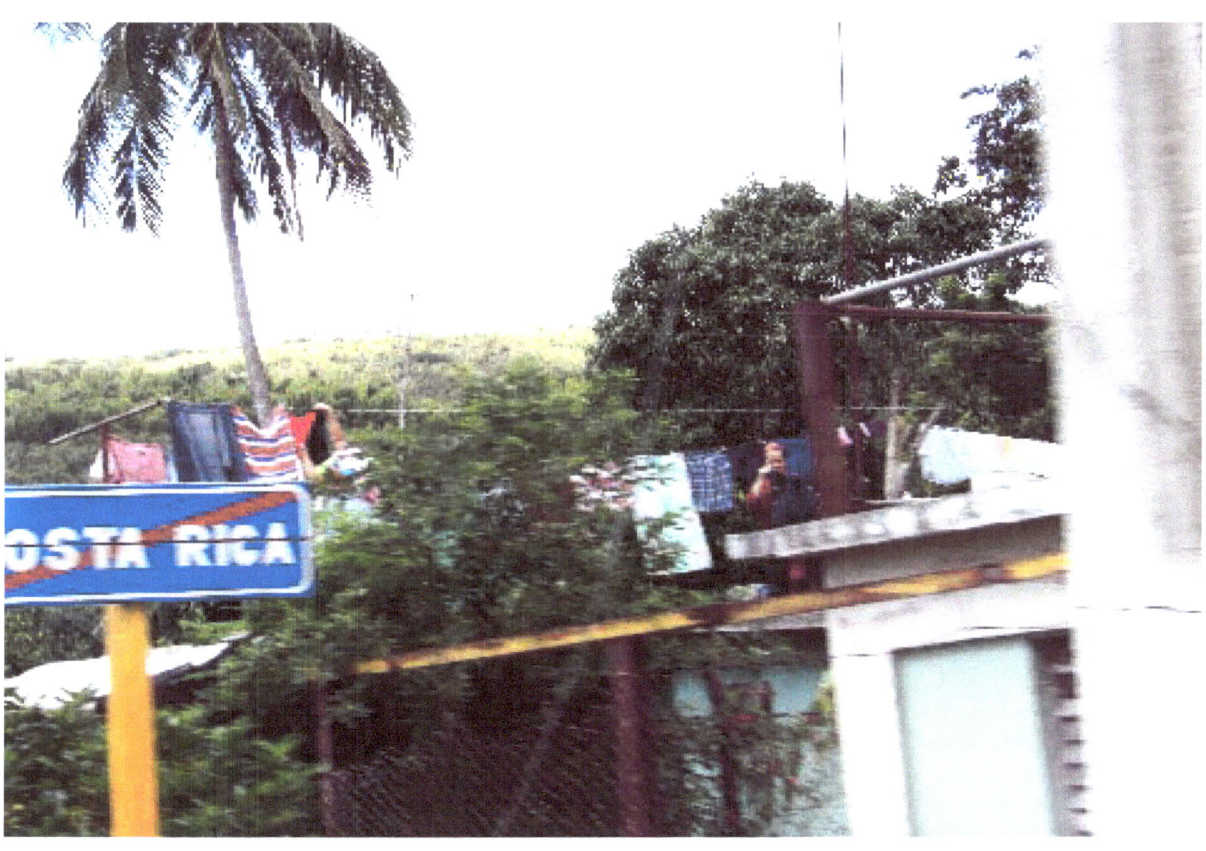

! Adiós a Ermita!

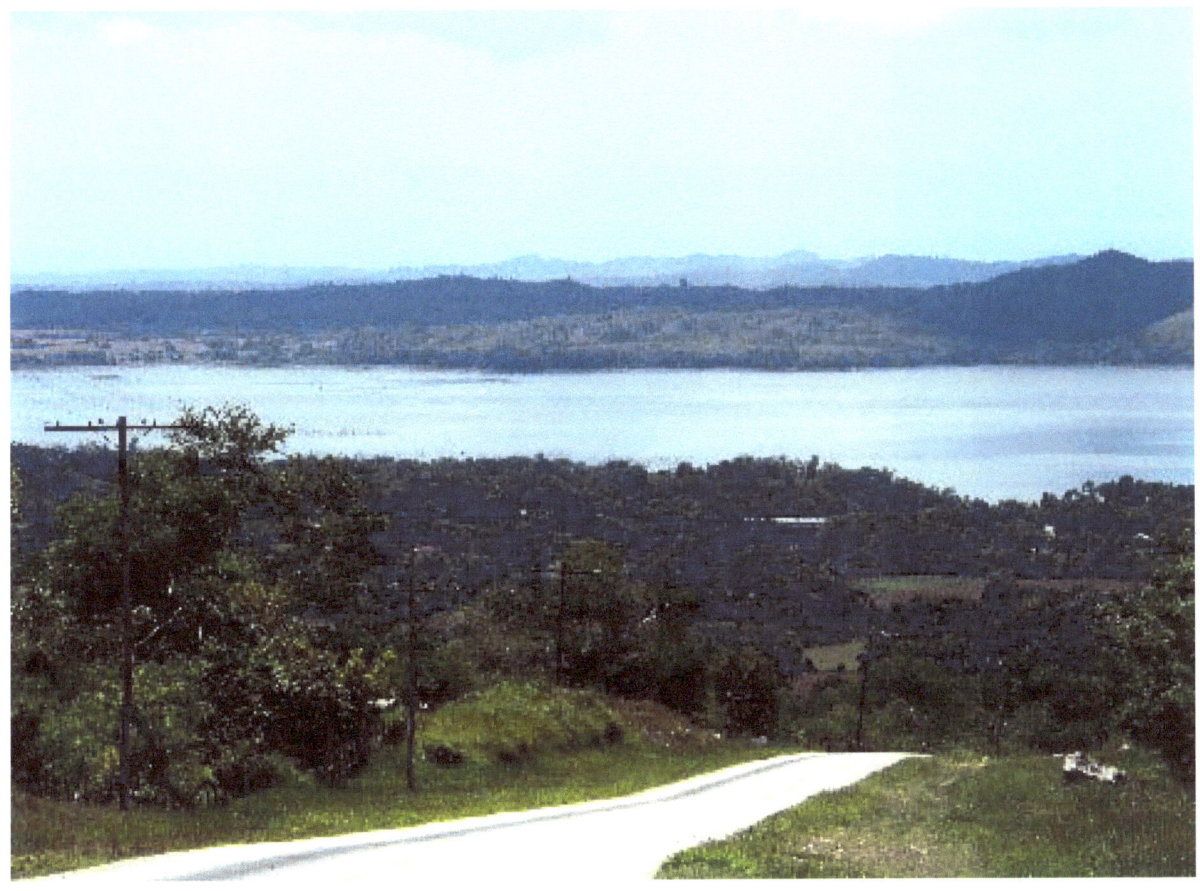

Presa La Yaya

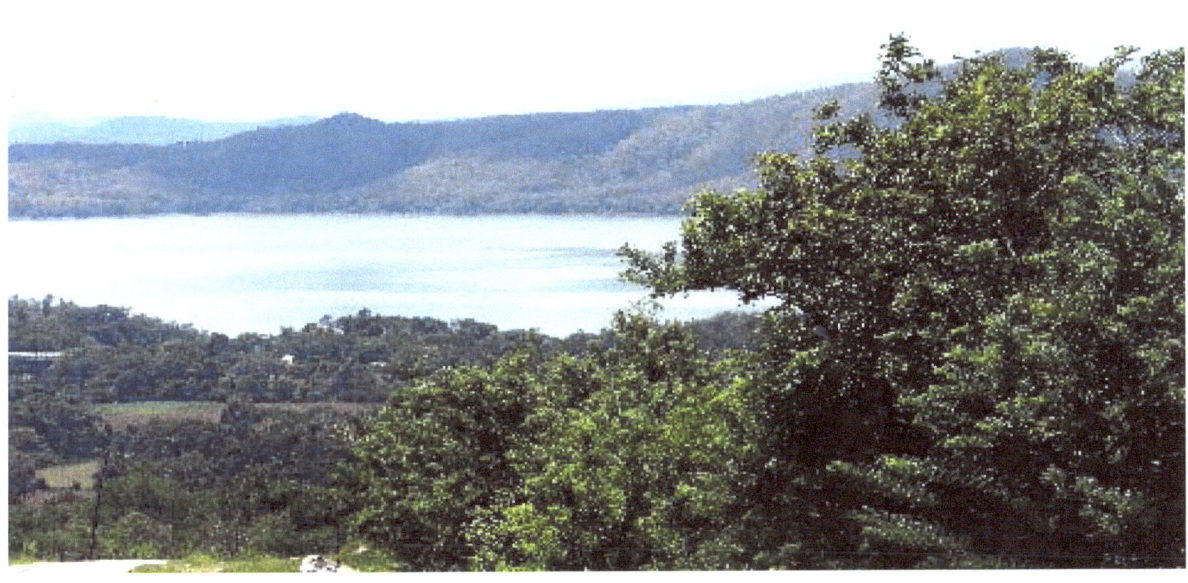

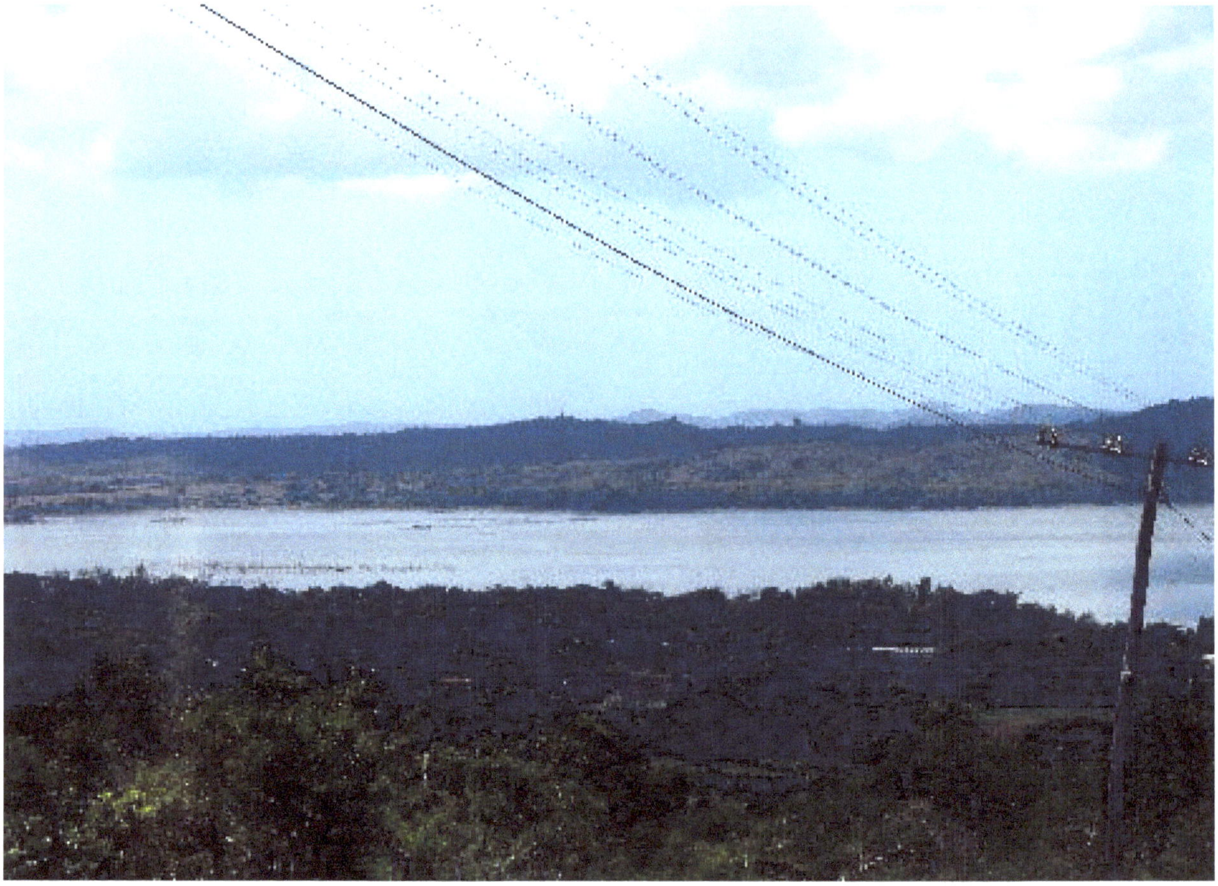

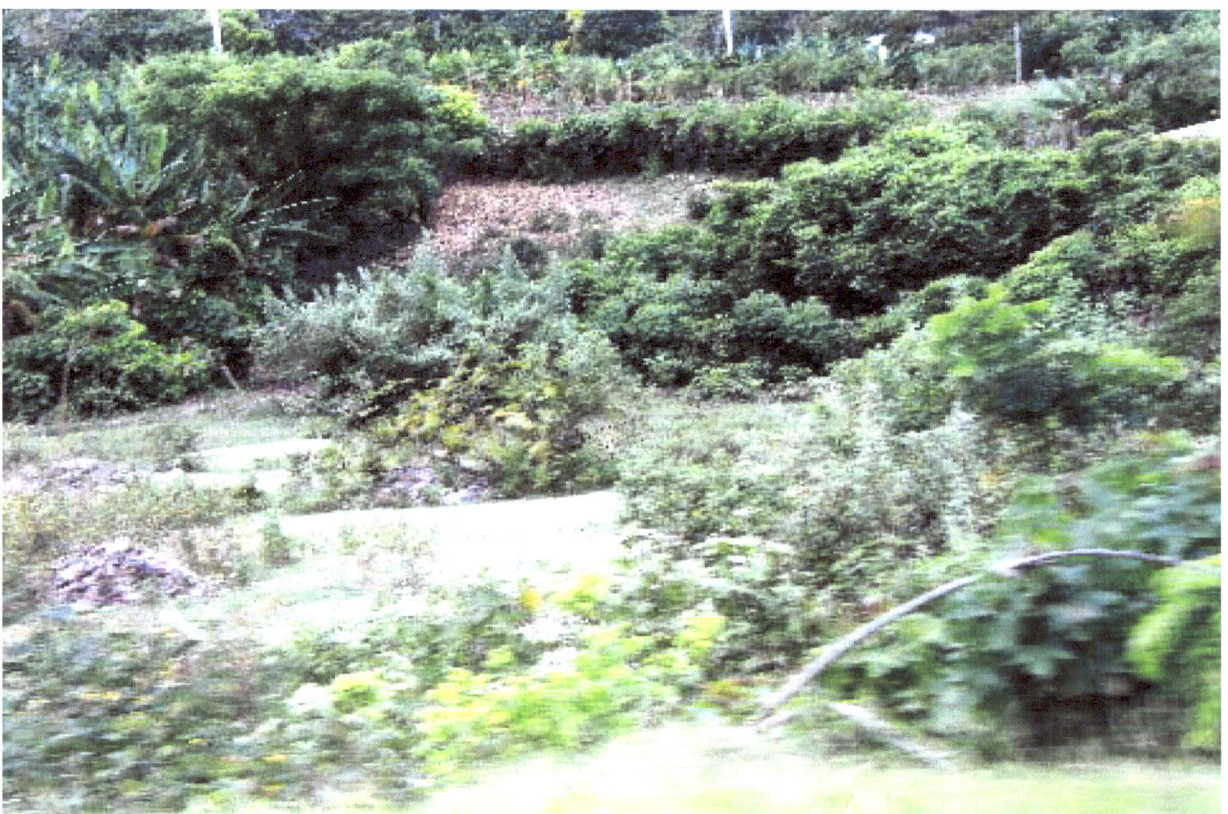

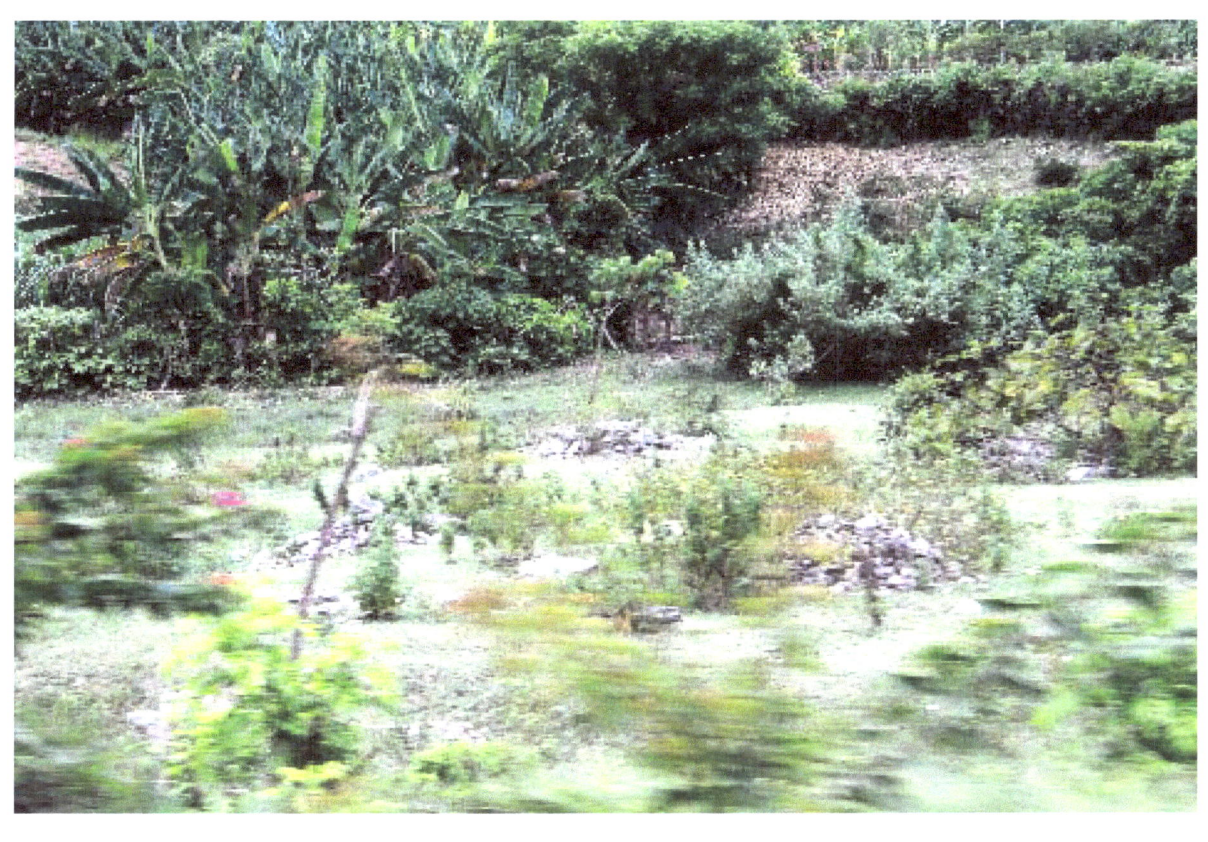

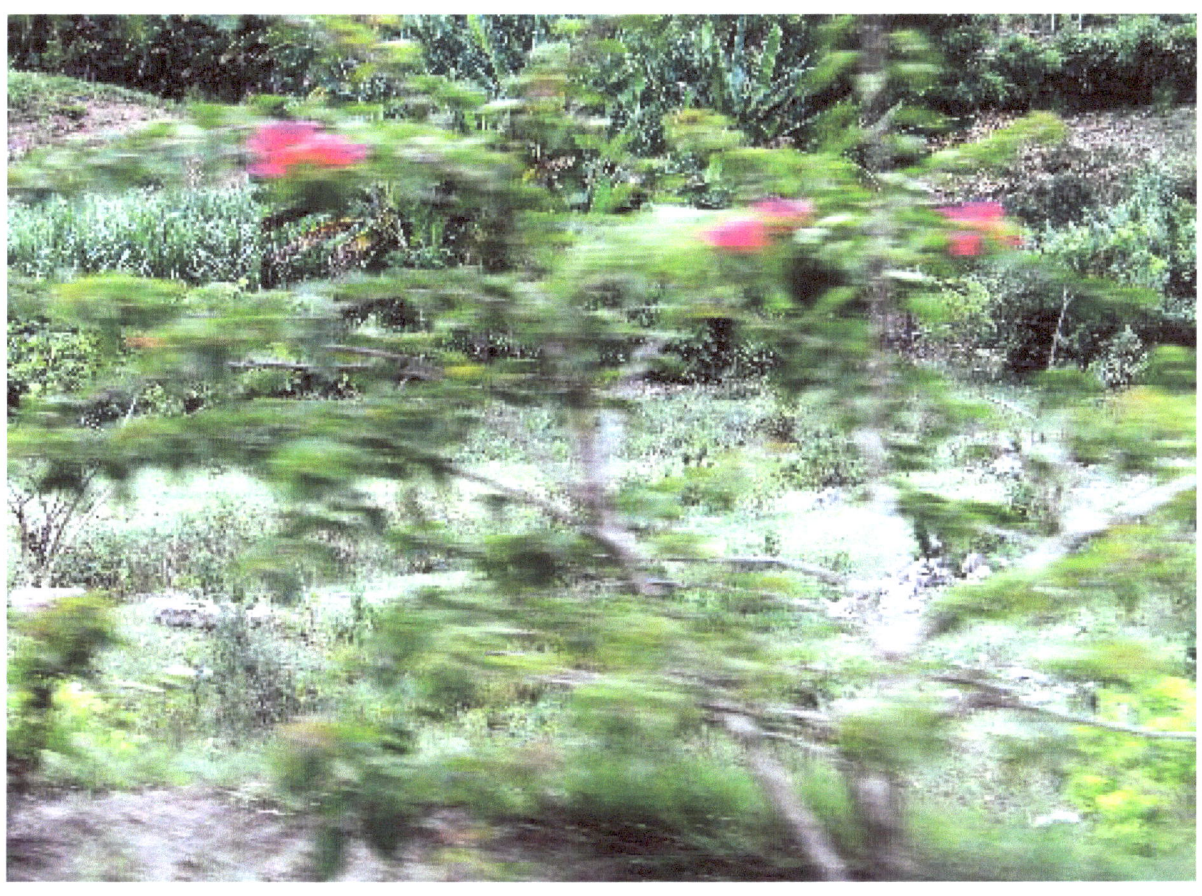

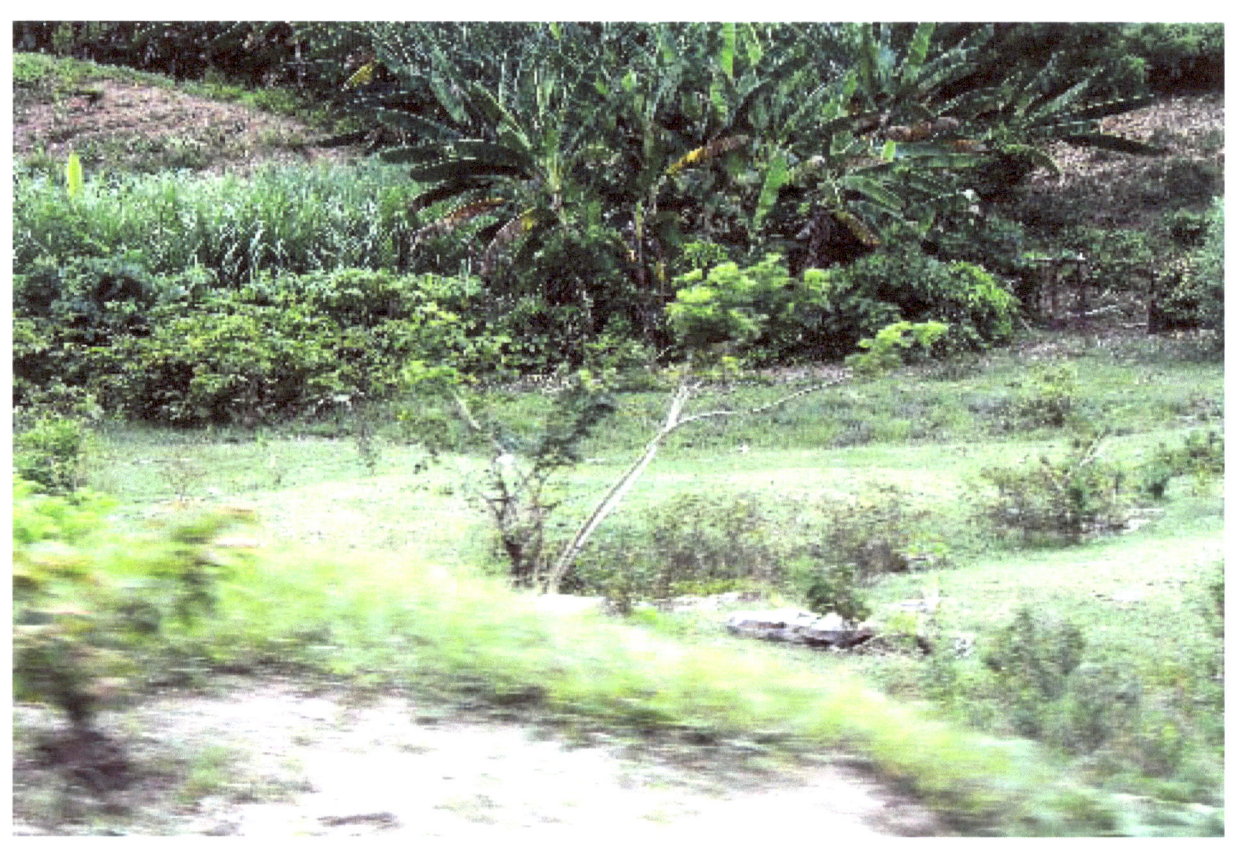

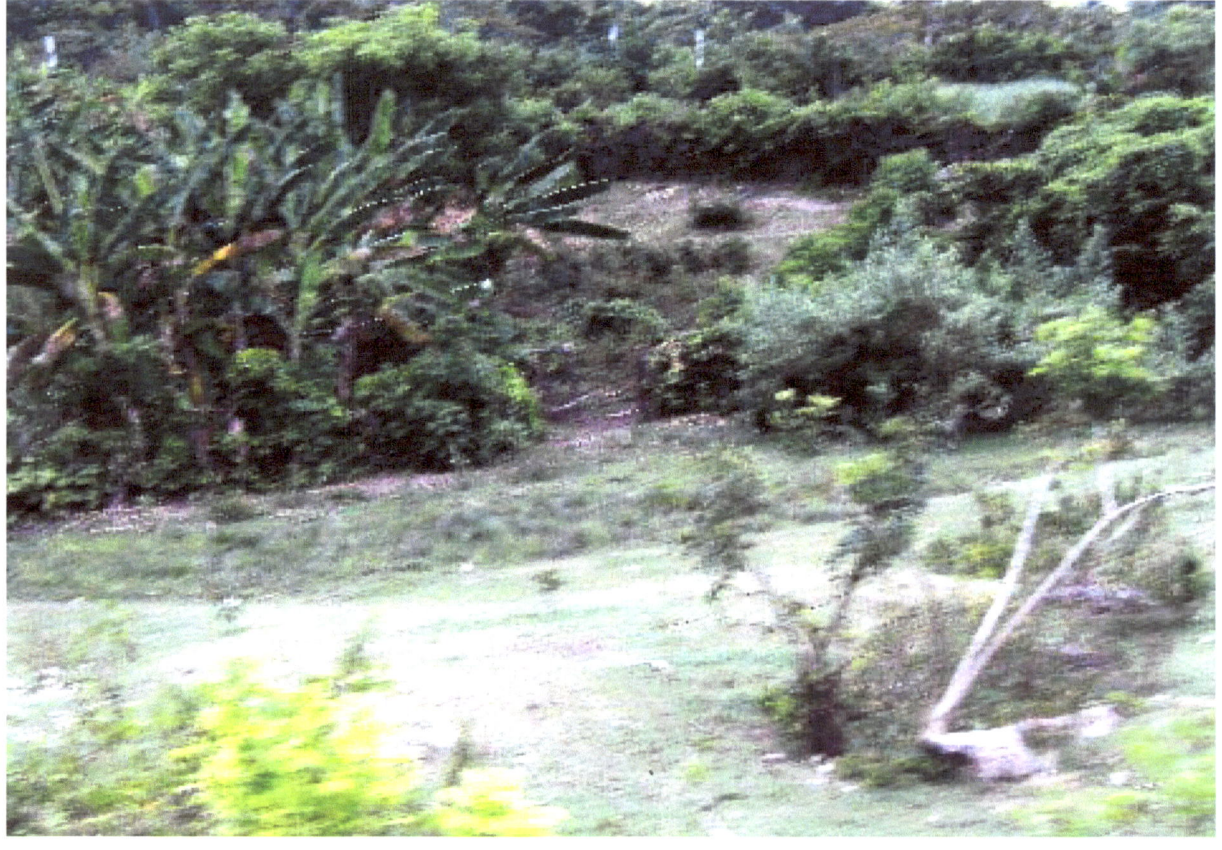

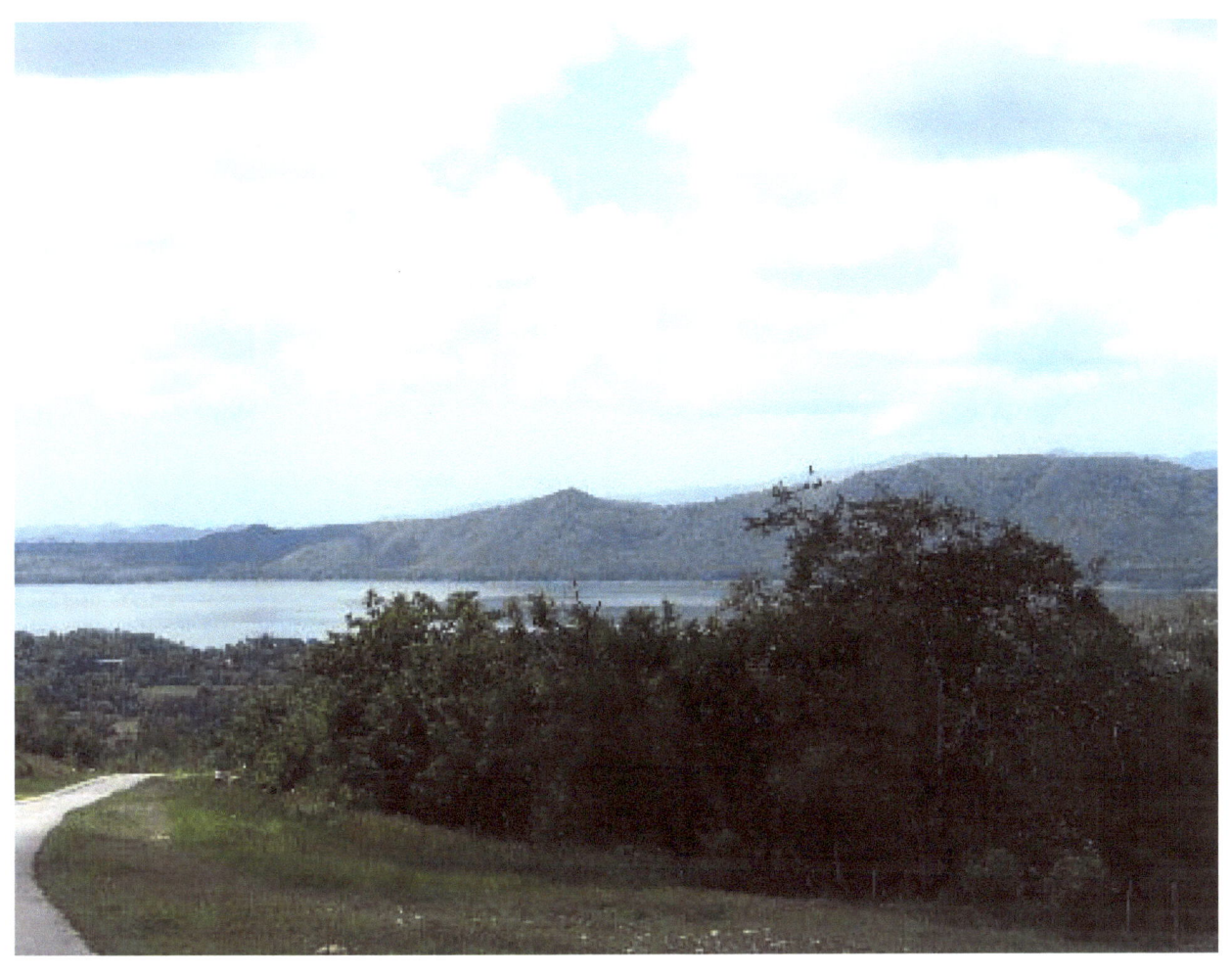

Julio de 2013

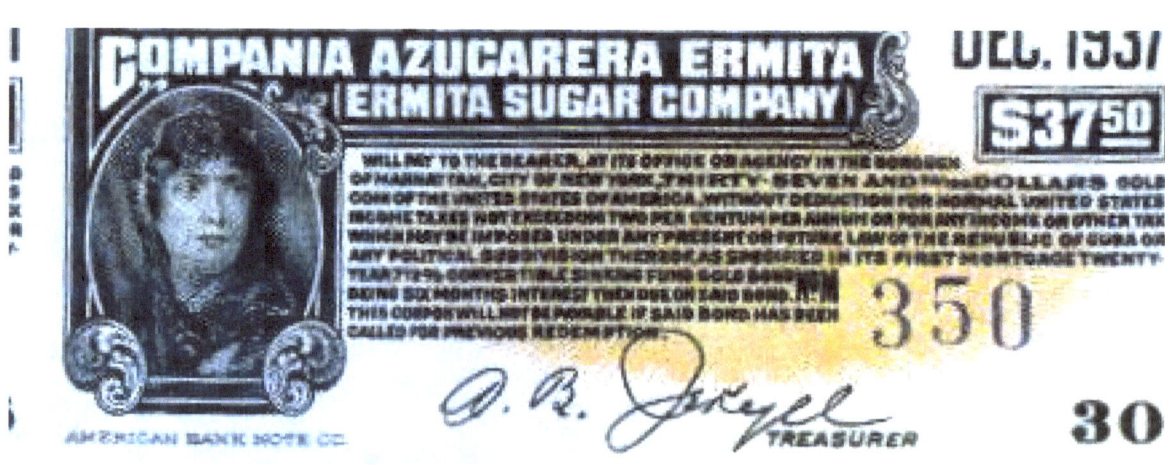

Índice